참을 수 없이 불안할 때, 에리히 프롬

참을 수 없이 불안할 때,
에리히 프롬

내 안의 힘을 발견하는 철학 수업

박찬국 지음

서울대학교
철학과 교수

서가
명강
24

ERICH
FROM

21세기북스

자연과학
自然科學, **Natural Science**

과학, 수학, 화학, 물리학,
생물학, 천문학, 공학, 의학

사회과학
社會科學, **Social Science**

경영학, 심리학, 법학, 정치학,
외교학, 경제학, 사회학

예술
藝術, **Arts**

음악, 미술, 무용

철학
哲學, **Philosophy**

인문학
人文學, **Humanities**

언어학, 역사학, 종교학,
문학, 고고학, 미학, 철학

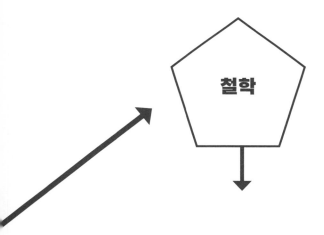

철학이란?
哲學, philosophy

인간과 세계의 근본적인 문제를 탐구하는 학문이다. 철학은 우리가 일상의
삶에서 당연하고 자명하다고 믿고 있는 전제들과 각 분과 학문에서
사용되고 있는 기본 개념 및 원리들을 비판적으로 검토하면서 우리의 삶과
학문들의 토대에 대한 반성을 추구한다. 철학이 '근본학(根本學)'으로
불리는 이유가 여기에 있다. 또한 다른 분과 학문들이 인간과 세계의
특정한 측면만을 고찰하는 반면에, 철학은 인간과 세계의 전체를
파악하려고 한다.

이 책을 읽기 전에 주요 키워드

사랑

프롬은 사랑만이 우리를 불안과 절망에서 구원할 수 있다고 말한다. 사랑을 이렇게 중시하기에 그는 '사랑의 예언자'라고 불리기도 한다. 그러나 사랑만큼 많이 운위되는 말도 없다. 따라서 사랑에 대한 프롬의 사상은 진부한 이야기로 들릴지 모른다. 하지만 우리가 주위에서 접하는 많은 사랑은 참된 사랑이 아니라 왜곡된 사랑이다. 우리는 사랑을 상대방에 대한 소유욕이나 집착과 혼동하거나 상대방을 우상시하는 것 등과 혼동한다. 프롬은 상대방의 생명과 성장에 대한 '적극적인 관심'과 보살핌, 상대방에 대한 '책임'과 '존경'을 참된 사랑의 요건으로 들었다. 또한 참된 사랑은 자기 주위의 몇 사람에 대한 사랑에 그치지 않고 사해동포주의적인 성격을 갖는다.

소외

'인간이 만들어낸 것이 인간을 지배하는 낯선 힘이 되는 현상'을 가리키는 용어로 19세기부터 쓰였다. 그러나 프롬은 구약성서가 말하는 '우상숭배'에서 이미 소외라는 용어가 의미하는 사태를 찾아볼 수 있다고 보았다. 우상은 식물이나 동물, 민족이나 인종 혹은 계급, 종교적인 교의나 정치적인 교의, 돈 등의 여러 형태를 취할 수 있다. 프롬은 현대자본주의사회의 근본적인 문제점을 그것이 인간을 소외 상태로 몰아가고 있다는 데서 찾는다.

실존적 욕망

프롬은 인간에게만 특유한 욕망이 있다고 보았다. 고독감에서 벗어나기 위해 결합과 합일을 원하는 욕망, 무력감에서 벗어나 자신의 힘을 느끼고 싶어 하는 창조와 초월에의 욕망, 허무감에서 벗어나기 위해 자신의 삶에 숭고한 의미와 방향 그리고 목표를 부여하는 지향체계와 헌신의 대상을 구하는 욕망이 그것이다. 이 세 가지 욕망은 인간이 처해 있는 독특한 실존적 상황에서 비롯된 것이라는 점에서 실존적 욕망이라고 부를 수 있다.

신비체험

진정한 의미의 종교적인 체험을 가리킨다. 즉 의식이 완전히 깨어 있으면서도 고요한 평안이 지배하는 상태다. 프롬은 신비체험이란 인간이 자신의 신적인 본질을 깨달으면서 자신에 대해 무한한 자긍심을 느끼는 체험인 동시에, 자신이 우주의 극히 작은 일부라는 것을 느끼는 겸손의 경험이라고 말한다.

소유양식

삶의 의미와 행복을 더욱 많은 물질이나 명성 혹은 지위와 같은 외적인 것을 소유하는 데서 찾는 삶의 방식을 가리킨다. 프롬은 소유양식은 이기심에 입각해 있으며, '인본주의적이고 공동체주의적인 사회주의'를 이루기 위해서는 이기심에 바탕을 둔 소유욕을 극복해야 한다고 말한다.

존재양식

지혜와 사랑 같은 인간의 본질적인 능력을 실현함으로써 자신의 존재를 완성하는 데서 삶의 의미와 행복을 찾는 삶의 방식을 가리킨다. 모든 사물을 존중하고 그것들과 교감을 나누면서 그것들의 성장을 돕는 삶으로서, 프롬은 이러한 삶의 양식이 지배하는 사회를 '인간주의적이고 공동체주의적인 사회주의'라고 부른다.

종교적 회심

프롬은 자본주의사회의 우상숭배적 성격을 강조함으로써, 자본주의사회의 변혁을 위해서는 사회구조의 변혁뿐 아니라 인간 개개인이 자신의 성격을 근본적으로 개조하는 일종의 '종교적 회심(回心)'이 필요하다고 강조한다.

차례

"프롬은 인류의 위대한 유산 중 어느 것도 버리지 않
고 창조적으로 계승함으로써 현대인의 삶을 충만하
고 풍요롭게 만들고자 한다."

1941년에 발간된 『자유로부터의 도피Escape from freedom』는 에리히 프롬을 처음으로 세상에 알린 책이다. 이 책은 프롬의 주저로서는 가장 먼저 출간되었지만, 그 후에 프롬이 전개하는 모든 사상의 핵심을 담고 있다. 28개국 언어로 번역되어 전 세계적으로 500만 부 이상이 판매되었고, 1956년 공산주의 독재에 대항하여 일어난 헝가리혁명이나 '아랍의 봄'이라고 불렸던 2010년의 아랍 민주화운동을 비롯하여 민중이 독재 정권에 저항하는 모든 곳에서 높은 관심을 끌었다.

이 책을 내가 처음 읽은 것은 고등학교 3학년 때였다. 대학입시가 몇 달 남지 않았던 어느 날 우연히 서점에서 이 책의 영어 원서를 구하게 되었다. 아마도 책 표지에 실린 '세계적인 센세이션을 일으킨 책'이라는 문구에 혹했던 것 같다. 그 당시 나는 에리히 프롬이라는 이름을 들어본 적이 없었기 때문에 별 기대 없이 책을 읽기 시작했다. 그러나 나는 곧 이 책에 빠져들었고, 거의 일주일 동안은 책에서 손을 뗄 수 없었다. 밥 먹고 자고 학교에서 수업받는 시간을 제외하고는 이 책에 몰두했던 것 같다. 그 후에도 나를 매료시켰던 철학책들이 있었지만, 이 책만큼 몰입의 기쁨을 선사했던 철학책은 없었다. 생소한 영어 단어들을 사전에서 수없이 찾아야 했지만, 이 책을 읽으면서 느꼈던 흥분과 감동은 지금도 잊을 수 없다.

『자유로부터의 도피』는 1941년, 즉 히틀러Adolf Hitler가 '최종 해결책'이라는 이름으로 유대인 학살을 본격화하기 직전에 발간되었다. 따라서 이 책은 일차적으로는 나치즘이 출현하게 된 역사적·심리적 원인을 추적하고 그것의 위험성을 폭로하는 데 바쳐졌다. 그러나 나치즘을 분석하는 데서 그치지 않고 나치즘을 실마리로 하여 근대에서 일어나고 있는 다양한 형태의 '자유로부터의 도피'를 다루고 있다. 프롬에게 나치즘은 근대인들이 자유로부터 도피하는

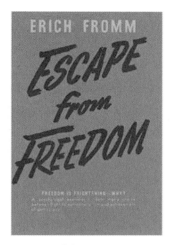

프롬의 첫 책 『자유로부터의 도피』 초판 표지

하나의 사례일 뿐인 것이다. 프롬은 붕괴해버린 동구사회주의도, 그리고 자본주의도 '자유로부터의 도피'가 대규모로 일어난 예라고 본다.

우리는 자유로 인해 삶의 풍요로운 가능성을 실현할 수 있지만, 이에 못지않게 불안에 사로잡힐 수도 있다. 우리는 자신의 삶을 스스로의 힘으로 개척해나가야 하지만 세계는 내 뜻대로 움직이지 않기 때문이다. 사람들은 이러한 불안을 어떤 강력한 힘의 도구가 되는 방식으로 극복하려고 한다. 이러한 강력한 힘은 초자연적인 인격신이나 민족이나 민중 그리고 민족이나 민중의 지도자로 나타날 수 있다. 그리고 그러한 것들에 무관심한 사람들에게는 돈이나 명성 혹은 권력으로 나타난다.

그 결과 근대는 원래 중세적인 속박으로부터의 '자유'를 실현하는 것을 목표로 출발했지만, 나치즘과 동구사회주의에서 보듯 전대미문의 전체주의와 자본주의에서 보는 것과 같은 광적인 물신物神숭배로 귀착되었다. 중세적 속박으로부터의 자유는 오히려 '자유로부터의 도피'로 끝난 것이다. 프롬은『자유로부터의 도피』에서 인간이 자유로부터 도피하는 원인을 치밀하게 분석하는 동시에 인간이 어떻게 하면 참된 자유를 실현할 수 있을지를 고민하고 있다.

이 책의 목적은『자유로부터의 도피』를 실마리로 하여 프롬의 사상을 소개하는 것이지만 프롬의 생애도 상당히 상세하게 다루었다. 그리고 프롬의 생애에 대해서 이야기하면서 동시에 그의 사상도 많이 언급했다. 이는 프롬의 사상은 그의 삶과 불가분의 관계에 있기 때문이다. 독자들은 그의 생애에 관한 부분을 읽으면서 그의 사상이 얼마나 구체적인 삶에 뿌리 내리고 있는지를 실감할 수 있을 것이다.

나는 그동안 프롬에 관해서 여러 책을 썼다. 그러나 그 책들은 프롬의 사상이 갖는 중요성에 비해 독자들의 큰 관심을 끌지는 못했다. 이 책에서 나는 이러한 연구를 수정 보완하는 한편, 보다 명료하면서도 흥미 있게 서술하려 했다. 이 책이 우리나라에서 프롬 바람을 다시 불러일으키는 계기가 되었으면 한다. 교양 도서이기 때문에 이 책에서 참조한 나의 기존 연구를 일일이 밝히지는 않았다. 이 점 독자들의 양해를 바란다.

프롬의 책은 단순히 지식 전달을 목표로 하는 것이 아니라 독자들의 인격 전환을 목표로 한다. 독자들이 이 책을 읽고 조금 더 건강하고 풍요로운 삶을 누릴 수 있기를 기대한다. 끝으로 이 책을 아름답게 만들어주신 강지은 선생님을 비롯한 서가명강 팀원분들께 깊은 감사를 드린다.

2022년 6월
박찬국

1부_____

사랑 우리를
만이

불안과
절망
에서

구
원
한
다

프롬의 삶은 비판적이고 독립적이면서도 개방적인 사고에 입각해 있었으며, 소유욕에서 벗어나 다른 사람들과 사물들과 교감하고 사해동포주의적인 사랑을 실천하는 삶이었다. 이 점에서 나는 프롬의 삶이야말로 존재지향적인 삶이 무엇인지를 몸소 구체적으로 보여준 삶이라고 생각한다.

혼돈의 세계에서 탄생한
사랑의 철학자

출간하는 책마다 베스트셀러가 되다

에리히 프롬은 『자유로부터의 도피』(1941), 『사랑의 기술
The Art of Loving』(1956), 『소유냐 존재냐To Have or To Be』(1976)와
같은 세계적인 베스트셀러를 쓴 사상가다. 프롬이야말로
20세기 사상가 중에서 일반 대중에게 가장 큰 사랑을 받았
던 사상가일 것이다. 『사랑의 기술』은 세계 전역에서 무려
2,500만 부가 팔렸으며, 오늘날까지도 하버드대학 학생들
이 가장 좋아하는 책으로 꼽힌다. 『소유냐 존재냐』 역시 전
세계적으로 1,500만 부 이상이 팔렸다. 철학자 중에서 일
반 대중에게 이렇게 많이 읽힌 사람은 없었을 것이다.

철학자 중에서 가장 큰 영향력을 가졌던 사람은 단연코

에리히 프롬(1900~1980)

마르크스Karl Heinrich Marx였다. 마르크스의 철학은 20세기 후반에 세계의 절반을 지배하는 이데올로기가 되었다. 그러나 마르크스의 대표작으로 꼽히는 『자본론Das Kapital』을 직접 읽은 사람들은 그다지 많지 않을 것이다. 『자본론』은 일반인이 읽기엔 상당히 어려운 책이다. 이에 반해 프롬의 책은 누구든 큰 어려움 없이 소화할 수 있다.

그런데 이렇게 대중의 큰 사랑을 받는다는 사실이 전문 철학계에서는 상당히 불리하게 작용하는 것 같다. 전문 철학계에서 프롬은 깊이 없는 통속적인 사상가라고 평가받는 경향이 있다. 사람들은 심원함과 난해함을 동일시하는 경향이 있다. 무언가 알 듯 모를 듯한 이야기를 하는 철학자를 세계의 비밀을 알고 있는 사람처럼 우러러보는 경향이 있는 것이다. 전문 철학계에서는 이러한 경향이 더 심하다.

그러나 철학이 다루는 모든 주제는 사실 철학에 대한 전문적인 지식 없이도 누구나 자신의 의견을 낼 수 있는 것들이다. 칸트Immanuel Kant가 말했듯이 철학의 모든 물음은 '인간이란 무엇인가'라는 물음으로 귀착되지만, 인간이 어떤 존재인지에 대한 이해를 우리는 이미 갖고 있다. 인간이 무엇인지 이미 이해하고 있기에, 저 사람은 인간 같지 않은 인간이라느니, 비인간적이라느니 하고 말할 수 있는 것이다.

인간에 대한 이러한 일상적 이해에 입각하여 우리는 인간이 어떤 존재인지에 대해서 얼마든지 훌륭한 토론을 할수 있다. 내가 하는 수업 중에 1학년 학생들만 참여할 수있는 신입생 세미나가 있는데, 이 세미나는 처음부터 끝까지 토론으로 이루어진다. 여기에서 다루는 주제는 '인간', '행복', '종교', '정의' 등과 같은 철학의 중심 주제다. 참여하는 학생 대다수가 철학책을 읽은 적이 없지만, 이 세미나에서는 상당히 수준 높은 토론이 이루어진다. 이 점에서 나는 철학적인 글은 결코 어려울 필요가 없다고 생각한다.

나는 프롬이야말로 심원한 사상을 명료하면서도 이해하기 쉽게 개진한 대표적인 사상가라고 생각한다. 또한 프롬의 글은 정신분석가로서의 체험을 담고 있어서 매우 구체적이다. 약간이라도 추상적으로 느껴지는 부분이 있으면 프롬은 항상 구체적인 사례를 들어 설명한다. 프롬이 이렇게 글을 쓴 이유는 독자가 이해하지 못하는 글은 의미가 없다고 생각했기 때문일 것이다. 따라서 나는 프롬의 글쓰기에서 독자들에 대한 존중을 본다. 프롬이 대중적인 인기를 누린 중요한 이유 중 하나는 프롬의 이러한 글쓰기 방식에 있다. 프롬의 글쓰기는 우리가 글을, 특히 철학적인 글을 어떻게 써야 하는지와 관련해서 모범을 보여준다.

한때는 헤겔Georg Wilhelm Friedrich Hegel이나 하이데거Martin Heidegger를 비롯한 독일 철학이 난해한 것으로 정평이 나 있었다. 그런데 데리다Jacques Derrida 이후 들뢰즈Gilles Deleuze에 이르는 프랑스 철학의 난해함은 독일 철학의 난해함을 훨씬 넘어서는 것 같다. 프롬 같으면 이렇게 난해하고 모호한 글쓰기에 대해 역겨움을 토로했을 것이다. 프롬은 어떠한 철학적 내용도, 그것이 아무리 심오한 것일지라도 대중이 이해할 수 있게끔 명료하게 쓸 수 있다고 생각한다. 나 역시 그렇게 생각한다. 물론 선불교에서 말하는 깨달음이나 기독교 신비주의에서 말하는 것과 같은 신과 하나가 되는 은총의 체험은 말로 다 표현할 수 없다. 그러나 그러한 경험이 어떤 성격을 갖는지에 대해서 독자들이 대강의 추측이라도 할 수 있게 쓸 수는 있다.

프롬은 현대사회에서 사람들이 겪고 있는 갖가지 병리 현상, 예컨대 자살, 우울증, 알코올중독, 고독감, 무력감의 근본 원인을 진단하면서 그것들을 극복할 수 있는 방안을 모색했다. 그가 다루었던 현상은 현대인들이 자신이나 자신 주위에서 경험하는 것들이기에 프롬은 대중적인 호소력을 가질 수 있었다. 사람들은 프롬이 묘사하는 병적인 인간들의 모습에서 자신의 모습을 발견했고, 프롬이 제시하는 치유법에 공감했다.

자유로운 정신의 구현자

프롬이 대중들 사이에서 큰 관심을 일으켰던 또 하나의 원인은 프롬의 개방적이고 균형 잡힌 사유 태도에 있다. 프롬은 인류 역사에 나타난 다양한 종교적·철학적·심리학적 통찰을 폭넓게 수용하면서, 이를 독자적인 방식으로 종합한 사상가다. 프롬이 보여주고 있는 이러한 종합 능력은 20세기 사상가 중에서 단연 독보적이다. 프롬은 특정한 종교는 물론이고 철학이나 심리학의 어떤 특정한 사조에 구속되지 않고, 선불교, 유대교 신비주의, 기독교 신비주의, 실존철학, 마르크스 사상, 프로이트Sigmund Freud의 정신분석학 등의 통찰을 모두 수용하고 있다. 인간의 성장과 행복에 도움이 되는 모든 통찰을 기꺼이 받아들이고 있는 것이다.

이 점에서 나는 프롬이야말로 20세기 사상가 중에서 가장 개방적이고 균형 잡힌 사상가이며, 니체Friedrich Wilhelm

Nietzsche가 말하는 '자유로운 정신'을 가장 잘 구현한 사상가라고 생각한다. 니체의 '자유로운 정신'이란 어떤 특정한 관점에 매이지 않고 하나의 사태를 다양한 관점에서 볼 수 있는 정신이다. 이렇게 '자유로운 정신'으로 살고 학문을 한다는 것은 너무나 당연한 일로 보이지만, 사실은 쉬운 일이 아니다. 사람들은 자신의 신조와 조금이라도 다른 뉘앙스를 풍기는 말에는 귀를 틀어막고 듣지 않으려는 경향이 있다. 특히 정치적인 문제나 종교적인 문제와 관련하여 이러한 경향은 더욱 심해진다.

인류의 역사는 항상 프레임을 만들고 모든 것을 그 프레임에 따라 재단하는 역사였다. 참된 기독교인과 이단이라는 프레임, 고귀한 아리아인과 사악한 유대인이라는 프레임, 훌륭한 백인과 열등한 흑인이라는 프레임, 위대한 미국과 악의 축이라는 프레임, 사회주의자와 반동분자라는 프레임, 애국세력과 빨갱이라는 프레임, 최근 우리나라에서 새롭게 등장한 독립운동세력과 토착왜구라는 프레임 등 다채로운 프레임이 있었다. 프레임에 따른 사고방식은 흑백논리에 입각해 있다. 정상으로 간주되는 집단은 무조건적으로 선하고, 비정상으로 간주되는 집단은 무조건적으로 악한 집단이 되는 것이다.

종교인들이나 정치인들은 이러한 프레임을 만들어 대중을 현혹하면서 권력을 장악한다. 그리고 대중은 프레임에 따른 선동에 너무나 잘 넘어간다. 사람들은 자신은 선이고 자신과 다른 사람들은 악이라고 생각하면서 자신의 나르시시즘을 충족하고 싶어 하기 때문이다. 가장 비판적인 지성이라고 자부하는 철학자들도 곧잘 프레임에 빠져 자신이 신봉하는 철학사조를 정당화하는 데 급급해하면서 다른 철학사조는 격렬하게 배격한다.

마르크스 사상에 빠진 사람들은 마르크스 사상만을 절대적인 진리라고 생각하면서 그 외의 철학사조는 부르주아 반동 이데올로기로 배격한다. 실존철학에 빠진 사람들 역시 마르크스주의를 배척하기는 마찬가지다. 그러나 프롬은 마르크스와 실존철학의 통찰을 다 수용한다. 또한 프롬은 마르크스와 프로이트처럼 종교를 부정적인 것으로 보는 인간중심주의적인 사상가들을 자신의 정신적 스승으로서 받아들이면서도 붓다와 예수 또한 자신의 스승으로 수용하고 있다.

이렇게 개방적인 태도는 프롬이 자본주의를 인간을 타

락시키는 사악한 체제로 보면서 자본주의의 전면적 변혁을 주창했던 급진적인 사상가였기에 더욱 놀라운 것이다. 프롬은 마르크스의 이상을 실현하려고 했던 동구의 현실 사회주의가 소수 관료가 국민을 철저히 지배하는 전체주의로 전락하는 것을 보면서도 유토피아에 대한 꿈을 잃지 않았다. 프롬은 마르크스의 참된 이상을 '인본주의적이고 공동체주의적인 사회주의Humanistic Communitarian Socialism'라고 보면서 그러한 유토피아를 실현할 수 있다고 믿었다. 이렇게 급진적인 사상가일 경우 보통 자신만이 가장 정의로운 입장을 대변한다는 오만과 독선에 사로잡혀 다른 사상은 반동적인 사상으로 배척하기 쉽다.

　프롬은 인류의 위대한 유산 중에서 그 어느 것도 버리지 않고 그것들을 창조적으로 계승함으로써 현대인의 삶을 가능한 한 충만하고 풍요롭게 만들고자 한다. 바로 이 점에서 이른바 '대중적인' 사상가 프롬이 한갓 '통속적인' 사상가가 아니라 우리에게 새롭고 균형 잡힌 철학을 제시하는 사상적인 거인으로 간주될 수 있는 것이다. 그는 흔히 '이데올로기의 시대'라고 불리는 20세기의 한복판에서 그 어떤 사조에도 교조적으로 집착하지 않고, 유례를 찾아보기 힘들 만큼 개방적이고 유연하면서도 깊이와 통일성을 갖는 사상을 개척했다.

나는 프롬의 책들이 수많은 사람의 관심을 끌 수 있었던 이유는 이렇게 개방적이고 종합적인 사유 태도가 가장 큰 영향을 미쳤다고 생각한다. 교조적인 철학은 항상 어떤 특정 집단의 관심만을 끌 뿐, 다양한 집단으로부터 폭넓은 관심을 받기는 어려운 것이다.

사랑의 혁명을 꿈꾸다

프롬은 사랑이야말로 인간을 불안과 절망에서 구원해줄 유일한 해결책이라고 보았다. 더 나아가 그는 참된 사랑은 자기 주위의 몇 사람에 대한 사랑에서 그치지 않고 사해동포주의적인 성격을 갖는다고 보았다. 따라서 프롬은 세계 평화와 인본주의적 사회를 실현하기 위해서 노력했다.

독일 태생의 유대인이었던 프롬은 나치의 박해를 피해 미국으로 망명한 아픔을 지니고 있었다. 그럼에도 프롬은 이스라엘 건국에 반대했다. 팔레스타인 사람들이 오랜 세월 동안 그 땅에서 살아왔는데 유대인들이 과거에 자신들 땅이었다는 이유로 그 땅을 뺏는 것은 부당하다고 본 것이다. 프롬은 이스라엘 건국으로 팔레스타인 사람들과 이스라엘 사람들 사이에 끊임없는 갈등과 전쟁이 일어날 것을 우려했다. 프롬은 이스라엘 건국 후에는 이스라엘 정부에 토지를 빼앗긴 아랍인들에게 토지를 되찾아주는 운동을 벌이기도 했다. 또한 한나 아렌트Hannah Arendt나 아인슈타인 Albert Einstein 등과 함께 중동의 평화를 위해 노력했다.

더 나아가 프롬은 세계평화를 구현하기 위한 지속적인 활동을 전개했다. 프롬은 핵무기 폐지나 군축 등을 비롯한 문제와 관련하여 유력한 정치가들이나 기자들에게 편지를 보내면서 일정한 성과를 거두기도 했다. 더 나아가 프롬은 76세의 나이에도 당시 베트남전에 반대했던 인본주의적인 상원의원 유진 매카시Eugene McCarthy의 대통령 당선을 위한 선거유세에도 참여했다. 그는 미국 전역을 돌아다니면서 수많은 연설을 했다. 과로로 건강이 상하면서 유세는 중단했지만, 그 후에도 프롬은 세계평화를 실현하기 위한 활동을 멈추지 않았다. 프롬은 심각한 심장질환에 시달리면서도 평화라는 대의를 실현하는 데 도움이 된다면 강연이든 집필이든 마다하지 않았다.

존재양식의 삶을 살기 위해 노력했던 사상가

프롬은 『소유냐 존재냐』에서 삶의 방식을 소유지향적인 삶과 존재지향적인 삶, 즉 소유양식과 존재양식으로 대별하고 있다. 소유지향적인 삶이란 삶의 의미를 더욱 많은 물질이나 명성 혹은 지위의 소유에서 찾는 삶의 방식을 가리킨다. 이에 반해 존재지향적인 삶은 지혜와 사랑 같은 인간의 본질적인 능력을 실현함으로써 자신의 존재를 완성하는 데서 삶의 의미를 찾는다. 존재지향적인 삶은 모든 사물을 존중하고 그것들과 교감을 나누면서 그것들의 성장을 돕는 삶이다.

소유욕을 넘어서 사랑을 실천해야 한다고 주창했던 프롬은 그 자신 또한 소유욕에서 크게 벗어난 사람이었다. 독일에서 500만 부가 넘게 팔렸던 『사랑의 기술』의 인세로 프롬은 보잘것없는 액수의 돈을 받았지만 전혀 문제 삼지 않았다. 프롬은 사람들이 자신의 책을 읽고 무언가 도움을 받는다면 그것으로 만족한다고 말했다. 아울러 오전 시간을 연구와 사색을 위한 신성한 시간으로 여기면서 그 시간에는 돈 버는 것과 관련된 일을 일절 하지 않았다고 한다. 프롬은 나치 치하에서 고생하던 유대인들을 구하거나 세

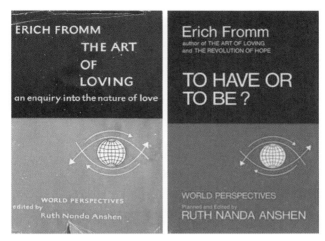

프롬의 대표적인 저서 『사랑의 기술』과 『소유냐 존재냐』 표지

계평화를 위해 돈과 시간을 쓰는 것을 아까워하지 않았다. 아울러 그는 아들이 있었던 여성과 두 번째 결혼을 하면서 그 아들을 친아들처럼 사랑했다.

지행합일을 이룬 사람은 예부터 극히 드물었다. 특히 철학마저도 하나의 지적인 분석 작업으로 전락한 오늘날에는 이런 철학자를 찾아보기 더 힘들어졌다. 이러한 시대에 프롬은 언행이 일치했던 몇 안 되는 철학자 가운데 하나가 아니었나 생각한다. 그의 삶은 비판적이고 독립적이면서도 개방적인 사고에 입각해 있었으며, 소유욕에서 벗어나 다른 사람들과 사물들과 교감하고 사해동포주의적인 사랑을 실천하는 삶이었다. 이 점에서 나는 프롬의 삶이야말로 존재지향적인 삶이 무엇인지를 몸소 구체적으로 보여준 삶이라고 생각한다.

물론 프롬에게도 많은 인간적인 약점이 있었다. 로런스 프리드먼Lawrence J. Friedman이 쓴 『에리히 프롬 평전: 사랑의 예언자 프롬의 생애The Lives of Erich Fromm: Love's Prophet』를 보면 그는 오만하고 차갑고 권위주의적일 때도 있었으며, 다른 철학자들이 자신의 철학을 부당하게 비판한다고 생각할 때 상처를 입기도 했다. 또한 자신이 온 정성을 다해 간호했던 두 번째 부인이 심각한 병고와 우울증을 이기지 못하고 자살하면서 한때 우울한 나날을 보내기도 했다. 그러나 프롬이 존재지향적인 삶에 대해서 말로만 떠든 사람이 아니라, 그러한 삶을 살기 위해서 진지하게 노력한 사람이었다는 사실은 부정할 수 없다.

자신을 구원하기 위해
우리는 지금 무엇을
해야 하는가

참을 수 없을 정도로 불안했던 아이

프롬은 1900년 독일 상공업의 중심지 프랑크푸르트에서 유대인 가정의 외아들로 태어났다. 프롬의 할아버지는 유대교 성직자인 랍비로서 프랑크푸르트 유대인 공동체의 지도자였으며, 할머니 역시 독일에서 정통 유대교를 대표하는 랍비의 딸이었다.

프롬의 아버지는 상당히 성공한 와인 상인이었다. 그러나 유명한 랍비를 많이 배출한 집안에서는 성서를 읽고 토론하는 삶에 비해 돈을 많이 버는 일은 하찮다고 여겼다. 따라서 프롬의 아버지는 랍비가 되지 않은 것을 평생 후회했으며, 자신이 열 명의 형제자매 중에서 가장 보잘것없다고 생각했다. 아버지는 랍비가 되지 못한 대신에 유대교의 관습과 규범을 철저하게 지켰다. 그러나 프롬은 아버지가 참된 영성을 결여했다고 보았다.

프롬의 외가는 친가에 비해 평범했다. 프롬의 어머니는 경제적으로 어려웠던 가정에 부담이 되지 않으려고 사랑보다는 경제적인 조건을 고려하여 남편을 택했다. 프롬의 어머니는 원래 밝고 쾌활한 성격이었지만, 결혼 후에는 이러한 성격을 잃어버렸다.

프롬은 아버지를 '안절부절못하고 집착이 심하고 걱정과 불안이 과한 사람'이라고 묘사했다. 아버지는 프롬을 끊임없이 걱정하면서 프롬이 상당히 성장한 후에도 그를 어린아이처럼 취급했다. 아버지는 다 성장한 프롬이 감기에 걸릴까 걱정하면서 집 안에만 있게 했다.

어머니는 우울증에 시달렸고 자주 울었다. 우울한 사람과 함께 있다 보면 그 자신도 우울해지기 쉬운데, 프롬도 어머니로 인해 우울감에 빠지곤 했다. 어린 프롬은 어머니를 보면서 자신이 아버지로부터 어머니를 지켜주어야겠다고 생각했다. 원래 딸을 갖고 싶었던 어머니는 프롬이 머리를 기르도록 했으며 소년 시절이 훨씬 지나서까지 여자 옷을 입혔다. 어머니는 어릴 적부터 명민했던 프롬을 자랑거리로 생각하면서 프롬을 통해 자신이 바라는 것을 이루려고 했다. 프롬은 피아노보다 바이올린을 좋아했지만, 어머니는 프롬이 폴란드의 유명한 피아니스트이자 정치가 파데레프스키Ignacy Jan Paderewski처럼 되기를 바라면서 피아노를 강요했다. 어머니는 프롬이 59세 때 세상을 떠났는데, 그때까지도 프롬을 자신의 분신으로 생각하면서 집착했다.

프롬은『사랑의 기술』에서 지배욕과 소유욕 그리고 나르시시즘, 즉 자기도취가 자녀들에 대한 어머니의 사랑에 개입될 수 있으며, 이로 인하여 어머니의 사랑이 왜곡될 수 있다고 말한다. 어머니가 아이를 자신의 일부라고 느끼고 있는 한, 아이에 대해서 어머니가 느끼는 자랑과 사랑은 자기도취적인 만족일 가능성이 크다. 또한 아이는 어머니에게 전적으로 종속되어 있기 때문에 지배욕과 소유욕이 강한 여성일수록 그러한 욕망을 쉽게 충족시킬 수 있게 된다. 이러한 여성은 아이가 성인이 되고 결혼을 한 후에도 아이를 자신에게 묶어두려고 한다.

자기도취적이고 지배욕과 소유욕을 갖는 여자는 아이가 연약할 때만 '사랑하는' 어머니가 될 수 있다. 참으로 사랑할 줄 아는 여성, 받기보다는 주는 데서 더 큰 행복을 느끼는 여성만이 아이가 자신에게서 독립해 나갈 때에도 자녀를 사랑하는 어머니로 남을 수 있다. 이러한 어머니는 아이가 독립적인 인간으로 성장하도록 돕는다.

이 점에서 프롬은 남녀의 사랑과 모성애 사이에는 본질적인 차이가 존재한다고 본다. 남녀의 사랑에서는 분리된 두 사람이 하나가 되지만, 모성애에서는 한 몸이었던 두 사람이 분리된다. 참된 어머니가 된다는 것은 아이가 자신에게서 분리되어 독자적인 인간으로 성장하도록 아이에게 모든 것을 주면서도 아이의 행복 이외에는 아무것도 바라지 않는 것이다. 그러나 이는 쉽지 않은 일이기 때문에 많은 여성이 실패한다.

어머니의 지배욕과 소유욕으로 인해 아이가 성인이 되어서도 어머니에게서 독립하지 못하면, 그는 마마보이가 되기 쉽다. 이런 사람은 성인이 된 후에도 어머니의 젖가슴에 매달려 있다고 할 수 있다. 어머니의 무조건적인 보호, 따뜻함, 배려, 칭찬을 구하는 것이다. 그는 어머니의 보살핌과 칭찬을 받을 때만 행복감을 느끼고, 어머니로부터 분리될 수 있는 위협이 생기면 참을 수 없는 불안을 느낀다.

그는 어머니와 사별한 후에도 어머니에게 계속 종속되어 있다. 따라서 그는 어머니처럼 자신을 찬양하고 따뜻하게 배려해주는 여성을 만나야 안정감을 느낀다. 그러나 그는 사랑받는 것을 원할 뿐 사랑을 주지는 않는다. 그는 여성에 대한 자신의 기대와 소망을 순수한 사랑으로 착각한다. 따라서 여성이 한결같이 자신을 찬양하지 않고 그녀 자신의 삶을 주장하거나 사랑받고 보호받기를 원하면, 그는 상처를 입고 여성에게 환멸을 느끼면서 분노하기 시작한다. 그는 '저 여성은 이제 나를 사랑하지 않고 이기적이며 군림하려고 한다'는 식으로 자신의 분노를 합리화한다.

아이에게 어머니가 미치는 영향은 결정적이다. 삶에 대한 어머니의 사랑도 아이에게 전해지지만, 그에 못지않게 어머니가 느끼는 불안도 아이에게 감염된다. 어머니는 아이에게 삶을 사랑하는 것을 가르치고, '산다는 것은 좋은 일이다'라는 긍정적인 정신을 갖게 해야 한다. 이를 위해서 어머니는 '좋은 어머니'일 뿐 아니라 행복한 사람이어야 한다. 유감스럽게도 이런 어머니는 많지 않으며, 프롬의 어머니 역시 불행한 사람이었다.

프롬은 11살 연상의 정신분석가 프리다 라이히만Frieda

Reichmann과 첫 번째 결혼을 했다. 그리고 15살 연상의 유명한 정신분석가 카렌 호르나이 Karren Horney와도 관계를 가졌다. 우리는 프롬이 이러한 여성들에게서 자신을 칭찬해주고 보살펴줄 어머니상을 찾으려 했다는 것을 볼 수 있다.

아버지가 자식에게 미치는 영향은 어머니보다는 적을 수 있지만, 자식에게 강하게 집착하는 아버지는 어머니 못지않게 자식의 건강한 성장을 저해한다. 이러한 아버지는 모든 애정과 관심을 아이에게 쏟는다. 그는 '좋은' 아버지이지만 동시에 권위주의적인 아버지다. 그는 아이의 행동에 만족할 때는 아이를 칭찬하고 정답게 대하지만, 불만을 느낄 때는 아이를 꾸짖는다. 어린아이에게 아버지는 절대적인 권위를 갖기 때문에 아이는 노예적인 방식으로 아버지에게 집착한다. 그리고 아버지를 기쁘게 하는 것을 삶의 주요한 목표로 삼게 된다.

이런 사람은 성인이 된 후에도 자신이 애착을 느끼는 윗사람들에게서 아버지상을 찾아내려고 하며, 그들에게 인정과 사랑을 받는 데 몰두한다. 그는 양심적이고 근면하며 신뢰할 만한 사람이기 때문에 윗사람들의 지원을 받아 사회적으로는 성공할 수 있다. 그는 어느 정도의 자발성을 발전시킬 수는 있지만, 자신에게 명령을 내리고 상벌을 주는 권위가 존재할 경우에만 그렇다.

그 역시 남녀관계에 별 관심을 갖지 않을 수 있다. 여성은 그에게 크게 중요하지 않을 뿐 아니라 여성을 경멸하는 경우가 많다. 그는 처음에는 이러한 남성적 성격으로 여성에게 매력적으로 보일 수 있다. 그러나 그와 결혼한 여성은 남편의 삶에서 그가 몰두하는 업무나 사업에 비해 자신은 항상 부차적인 존재밖에 되지 않는다는 것을 알게 되고, 그들은 점점 더 서로에게 실망한다.

프롬의 아버지는 권위주의적이지는 않았고 오히려 어머니보다 프롬을 다정하게 대했지만, 프롬을 지나치게 걱정하면서 그에게 크게 집착했다. 지나치게 자식을 걱정하는 부모들은 자식을 너무나 많이 사랑하는 것처럼 보인다. 그러나 이러한 과도한 걱정은 사랑이 아니다. 아이를 제대로 사랑하기 위해서는, 다시 말해 아이가 독립적이고 행복한 인간이 되도록 돕기 위해서는 부모가 먼저 자신의 삶에 만족하는 원숙한 인간이 되어야 한다. 그렇지 않으면 부모는 자신이 삶에서 느끼는 공허감과 결핍감을 아이를 통해 채우기 위해 아이에게 지나친 관심을 갖게 된다. 부모는 아이를 사랑한다고 믿지만, 사실은 아이를 자신이 원하는 대로 만들고 싶어 할 뿐이다. 이 경우 아이들은 부모의 비난을 두려워하고 부모의 기대에 맞춰 살려고 애쓰게 된다. 또한 이런 아이들은 부모들이 갖는 삶에 대한 적의에 감염된다.

부모의 결혼 생활은 프롬이 없었다면 계속 이어지지 못했을 정도로 비참했다. 프롬의 부모는 이처럼 불행한 결혼 생활을 보상받기 위해 외아들인 프롬에게 집착했다. 부모가 서로 사랑하지 않으면서도 말다툼을 억제하거나 불만을 서로 표현하지 않을 때 아이들은 그러한 집안 분위기를 불안해하고 무서워한다. 어린 시절 프롬은 가족에게서 소외감을 느꼈고 벗어나고 싶은 충동을 느꼈다.

프롬이 『사랑의 기술』에서 말하는 것처럼 인격적으로 원숙한 사람들만이 참된 사랑을 할 수 있지만, 프롬의 부모는 인격적으로 성숙했다고 할 수 없는 사람들이었다. 프롬은 자신에 대한 아버지의 끊임없는 근심 걱정과 어머니의 질식할 것 같은 소유욕으로 큰 고통을 받았다. 프롬은 이런 부모 밑에서 자라면서 자신이 참을 수 없을 정도로 불안한 아이가 되었다고 말한다.

프로이트는 강박증이나 우울증 등과 같은 신경증의 근

원을 사람들이 유아 시절에 경험했던 본능적인 욕구에 대한 억압에서 찾았다. 이에 반해 프롬은 어린 시절에 부모의 참된 사랑을 받지 못한 데서 찾았다. 부모가 따뜻하고 성숙한 사랑을 아이에게 주면서 아이의 안정감을 강화하고 아이의 자발성과 창의성을 뒷받침해준다면, 그 아이는 나중에 신경증에 걸리지 않고 행복하고 생산적인 삶을 영위할수 있다.

프롬은 아버지와 어머니가 자신에게 집착만 할 뿐, 사실은 자신의 발전과 성장에는 관심이 없었다고 말했다. 아버지와 어머니가 프롬을 독자적인 인격으로 대우하지 않았던 것이다. 나중에 프롬은 참된 사랑이 갖추어야 할 요건중 하나를 타인에 대한 존중이라고 보는데, 프롬이 이렇게 생각하게 된 데는 자신의 경험이 작용했다고 볼 수 있다. 프롬은 자신이 어릴 적부터 인간들의 비합리적인 성향과 행동에 대해서 자주 의문에 사로잡혔다고 말하면서, 그렇게 된 원인 중의 하나를 부모에게서 찾고 있다.

침울한 분위기가 지배했던 가정환경에서 자랐기에 프롬은 성인이 되고 나서도 종종 소외감을 느끼고 우울해하곤 했다. 프롬의 삶이란 어떤 의미에서 자신이 부모와 가정에서 받은 상처를 치유하는 과정이라고도 할 수 있다. 이런 의미에서 로런스 프리드먼은 프롬을 가리켜 자신을 치유하는 최고의 '의사'였다고 표현했다.

탈무드 연구가를 꿈꾸던 소년 프롬

프롬의 집안은 친가든 외가든 유대교를 독실하게 신봉했다. 이러한 가정환경에서 성장했던 프롬의 어릴 적 꿈도 『탈무드』 연구가가 되는 것이었다. 자본주의사회에서 사람들이 보이는 집요한 소유욕을 병적인 것으로 비판했던 프롬에게 유대인 선조들과 유대교 교사들은 평생 삶의 귀감이 되었다. 이들은 유대교 경전을 연구하고 신을 섬기고 찬양하는 데 자신의 삶을 바쳤다. 아직도 많은 사람이 유대인 하면 샤일록을 떠올리면서 돈을 밝히고 인색하며 사업 수완이 좋은 사람들이라고 생각하는 경향이 있다. 그러나 프롬이 존경했던 유대인 선조들과 교사들은 돈과 사업에 전혀 관심이 없었다.

　『탈무드』 연구가였던 프롬의 외증조부에 대해서는 다음과 같은 일화가 전해 내려온다. 그는 자그마한 가게를 운영했는데 수입이 너무 적어서 가족을 부양하기 어려웠다. 어느 날 그는 한 달에 3일씩만 외지에 나가 사업을 하면 큰 수입을 보장하겠다는 제안을 받았다. 자녀가 많았고 생계가 어려웠음에도 그는 『탈무드』 연구할 시간을 한 달에 3일씩이나 잃게 된다는 이유로 그 제안을 거절했다. 그는 가게에서도 종일 『탈무드』를 연구했다. 손님이 오면 연구 시간을 빼앗긴다면서 "우리 가게 말고 다른 가게는 없느냐?"고 손님에게 화를 냈다고 한다. 이 증조부는 독일 바이에른주의 유대인 사회에서 가장 유명한 랍비였다. 프롬은 평생 그를 존경했다.

프롬은 『탈무드』 연구가로 유명한 외증조부에게서 12살부터 16살까지 정기적으로 『탈무드』에 관한 교육을 받았다. 다음 일화에서 우리는 이 외증조부가 프롬을 어떤 인간으로 교육하고 싶어 했는지를 알 수 있다.

어느 날 프롬은 외증조부에게 자신이 장차 어떤 인물이 될 것 같은지 물었다. 프롬은 자신을 귀여워하던 외증조부가 자신이 듣고 기뻐할 만한 대답을 하리라 기대했지만, 외증조부는 "늙은 유대인!"이라고 답했다. 프롬 사후에 그의 전집 관리자가 된 라이너 풍크Reiner Funk는 이러한 답변이야말로 모든 종류의 자만심을 배격하는 전형적인 유대적 답변이었다고 말한다.

프롬은 어릴 때부터 이런 랍비들의 삶에서 큰 감화를 받았다. 프롬은 나중에 정통 유대교 신앙을 버리지만, 랍비들이 보여준 이러한 삶의 태도는 인간이 구현해야 할 삶의 이상으로 프롬에게 오래도록 남았다. 따라서 프롬은 사람들이 돈을 벌기 위해 하루의 대부분을 보내는 자본주의를 병적인 것으로 생각했다. 프롬은 현대자본주의사회와 전통적인 유대사회 중에서 하나를 택하라면 단연코 전통적인 유대사회를 택했을 것이다. 프롬은 프랑크푸르트 유대인 공동체 안에서 보냈던 유년 시절을 '사람들이 유대교의 전통을 습득하고 계승하는 것을 삶의 중심으로 삼았던 중세적인 분위기'가 지배했던 시절이라고 말했다.

소년 프롬을 뒤흔든 전쟁의 충격

1차 세계대전이야말로 프롬이 청소년기에 겪은 가장 결정적인 사건이었다. 이 전쟁은 끔찍한 사건이었지만, 이로 인해 프롬은 정신적으로 크게 성숙한다.

프롬은 1차 세계대전이 일어나기 전에 충격적인 경험을 한다. 전쟁이 터지기 직전이었기에 당시 독일에서는 영국에 대한 맹목적인 증오가 지배하고 있었다. 원래는 평화를 사랑하는 휴머니스트라고 자처했던 교사들과 학생들 모두 광신적인 민족주의자가 되었고, 영국인들을 순진무구한 독일 병사들을 몰살하려는 교활한 악마로 여겼다. 이렇게 민족주의적 광기와 증오가 들끓는 상황에서 선생님 한 분이 학생들에게 영국 국가를 암기하라는 숙제를 내주었다. 그러자 학생들은 반은 장난으로, 반은 영국에 대한 증오심으로 적국의 국가를 배우지 않겠다고 말했다. 그때 선생님이 야릇한 미소를 지으면서 "그게 무슨 소리야? 지금까지 영국은 단 한 번도 전쟁에 진 적이 없어!"라고 조용히 말했다고 한다.

프롬은 선생님의 이 말을 광기와 증오의 소용돌이 속에서도 냉철함을 잃지 않는 이성의 소리로 경험했다. 프롬에게 이 한마디 말과 선생님이 보인 침착한 태도는 평생 교훈으로 남았다. 그 후로 프롬은 당파적인 태도에 사로잡히지 않으려 노력했으며, 감정을 자극하는 선동적인 구호에 휩쓸리지 않았다. 이러한 경험과 함께 프롬은 민족주의적인 독선과 증오와 같은 광적인 기분에서 깨어났고, '어떻게 해서 처참하기 짝이 없는 전쟁이 일어나는가'라는 의문을 갖게 되었다.

수백만의 사람이 한 번도 보지 못한 사람들을 서로 죽이고 죽임을 당하면서 가족과 친구들을 비롯한 가까운 사람들을 한없는 비탄에 빠뜨리는 일이 어떻게 가능한 것인가? 서로 적대하는 두 진영 모두 자신들은 전쟁을 바라지 않고 오직 평화와 자유를 위해 싸울 뿐이라고 주장하는데도, 전쟁은 왜 일어나는가? 전쟁으로 이득을 보는 사람들은 사실은 전승국의 정치가들과 장군들 그리고 부자들뿐인데도, 왜 수백만의 병사가 서로를 살육하는 일에 자진해서 나서는가? 이러한 물음은 1차 세계대전을 계기로 프롬이 갖게 된 의문이지만, 그 후에도 프롬은 계속해서 그 질문에 몰두한다.

1차 세계대전은 인간을 이성적인 존재로 보면서 이성의 힘으로 모든 문제를 해결할 수 있을 것으로 생각했던 서구의 계몽주의적 신념이 파산하게 된 사건이었다. 프롬은 이후 인간의 비합리적이고 파괴적인 성향과 정치에 깊은 관심을 갖게 되었다. 전쟁이 끝날 무렵, 프롬은 형제애가 넘치는 사회와 세계평화를 향한 강렬한 열정에 불타는 진지한 청년이 되어 있었다. 아울러 모든 종류의 이데올로기와 공적인 선언 따위에 대해서 극도로 회의적이 되었으며, '모든 것을 의심하지 않으면 안 된다'라고 생각하게 되었다.

정통 유대교에서 무신론적 휴머니즘으로

프롬은 프랑크푸르트대학에 입학한 후 두 학기 동안은 법학을 공부했다. 그러나 사실 프롬은 숨 막힐 것 같은 가족을 떠나 리투아니아에 있는 탈무드 연구센터에서 히브리어 성경과 『탈무드』를 연구하고 싶었다. 그러나 그의 부모, 특히 어머니가 프롬이 그렇게 멀리 떠나는 것을 허락하지 않았다. 결국 1919년에 프롬은 하이델베르크대학에 입학했으며, 법학뿐 아니라 독일 역사, 마르크스 사상, 사회주의 운동, 심리학에 대한 강의를 비롯하여 다양한 강의를 들었다.

동시에 프롬은 하이델베르크에서 랍비 라빈코프Rabinkow 밑에서 『탈무드』를 공부했다. 프롬은 4~5년 동안 거의 매일 라빈코프를 방문했다고 한다. 라빈코프는 사회주의를 유대교와 결합하려고 했다. 그는 구약성서의 예언자들과 유대교 신비주의인 하시디즘Hasidism에서 급진적인 휴머니즘을 발견했다.

프롬은 라빈코프를 통해서 하시디즘을 알게 되었고 그

것에 매료되었다. 하시디즘을 신봉하는 유대 공동체는 부를 축적하는 것을 멀리하고 '신을 찬양하고 신에게 감사하면서 기쁨과 충만함 속에서 베푸는 삶'을 추구했다. 존재양식에 대한 프롬의 사상은 하시디즘에서 큰 영감을 받았다고 할 수 있다. 프롬이 성장해온 프랑크푸르트의 정통 유대교 공동체는 하시디즘과는 달리 율법 준수를 강조했으며, 내면의 영성을 강조하는 하시디즘을 무원칙하고 변덕스러운 것으로 간주했다.

프롬은 나중에 인본주의적이고 공동체주의적인 사회주의를 인류가 실현해야 할 이상적인 사회로 제시하는데, 이것은 하시디즘 공동체와 유사하다고도 볼 수 있다. 프롬이 지향했던 인본주의적이고 공동체주의적인 사회주의는 단순히 부를 균등하게 분배하는 것을 넘어서 독립적이고 자율적인 개인들이 서로 사랑을 나누는 도덕 공동체였다.

라빈코프는 사상 면에서뿐 아니라 삶의 태도 면에서도 프롬에게 큰 감화를 주었다. 라빈코프는 청어나 차 한 잔으로 식사를 하며 근근이 연명했으며, 아침 일찍 일어나 하루 중 많은 시간을 연구에 몰두했다. 라빈코프는 연구를 하지 않을 때면 학생들과 토론을 했으며, 학생들에게서 수업료를 받지 않았다. 라빈코프는 하시디즘에 뿌리를 둔 무궁무진한 유머를 구사했다. 프롬 역시 이러한 유머를 즐겨했다.

유대교에 대한 라빈코프의 보편주의적이고 인본주의적인 해석의 영향을 받고 프롬은 결국 정통적인 유대교를 버리고 무신론적인 휴머니즘을 택한다. 프롬은 자신의 이러한 변화를 아담이 선악과를 먹은 사건과 비교할 정도로 자신의 삶에서 결정적인 의미를 갖는 사건으로 여겼다. 정통 유대교에는 돼지고기로 만든 소시지까지 포함해서 돼지고기를 먹어서는 안 된다는 계율이 있었다. 1926년에 프롬은 용기를 내서 돼지고기로 만든 소시지를 사 먹는다.

유대교를 더는 믿지 않게 되었지만, 프롬은 자신의 사상을 유대교의 급진적인 인본주의 정신에서 발전되어 나온 것으로 보았다. 프롬은 처음에는 팔레스타인 지역에 유대 국가를 건립하자고 주장하는 유대 민족주의 시오니즘 Zionism을 지지했다. 그러나 프롬은 라빈코프의 휴머니즘적인 유대교의 세례를 받고 시오니즘에서 등을 돌린다. 프롬은 시오니즘을 유대교의 휴머니즘적인 근본정신과 메시아주의와 모순되는 편협한 민족주의라고 보았다. 그는 죽을 때까지 시오니즘에 대해서 비판적인 태도를 견지했으며 이스라엘 국가에 대해서도 호의적이지 않았다. 그는 아랍인들의 권리를 열정적으로 대변했으며, 아랍인들에 대한 이스라엘의 탄압을 비판했다.

프롬이 정통 유대교를 포기하게 된 또 하나의 동기는 불교와의 만남이었다. 프롬은 1920년 중반에 게오르크 그림Georg Grimm의 『붓다의 가르침. 이성과 명상의 종교』와 『불교학』을 통해서 불교를 접한 뒤 깊은 감명을 받는다. 프롬은 불교야말로 어떠한 비합리적인 신비화나 계시나 권위도 인정하지 않는 이성적인 종교라고 격찬했다.

프롬은 알프레드 베버Alfred Weber 밑에서 사회학 논문으로 박사학위를 취득했다. 위대한 사회학자 막스 베버Max Weber의 동생이었던 알프레드 베버는 국수주의를 배격하고 사해동포주의적인 인본주의 사상을 신봉했다. 프롬은 보편적 인본주의에 대한 알프레드 베버의 열정과 헌신에 깊은 감동을 받았다. 프롬은 나중에 알프레드 베버에게 쓴 한 편지에서 그가 보여준 삶의 자세야말로 자신에게 가장 의미 있는 경험 중의 하나라고 썼다.

프롬이 박사학위를 취득하기 위한 구두시험을 보고 있을 때, 프롬의 아버지는 프롬이 시험에 통과하지 못해 자살이라도 할까 봐 걱정하고 있었다. 그러나 프롬은 우수한 성적으로 통과했다. 프롬은 이때 아버지가 자신의 열등감과 불안을 프롬에게 투사하고 있음을 깨달았다. 이와 함께 프롬은 그러한 열등감과 불안에서 벗어나는 방법을 터득해 나갔다.

정신분석학의 새로운 차원을 열다

1926년에 프롬은 정신분석가 프리다 라이히만과 결혼한다. 프롬은 그녀를 통해 본격적으로 정신분석학을 접하게 된다. 결혼은 4년밖에 유지되지 못했지만, 이혼 후에도 두 사람은 가까운 친구로 지냈다.

프롬은 1934년까지만 해도 프로이트의 리비도Libido 이론을 신봉하는 정통 프로이트주의자였다. 그러나 1935년부터는 카렌 호르나이나 설리번Harry Stack Sullivan처럼 인간의 심리 형성과 치료에서 인간관계가 결정적인 역할을 한다고 보는 정신분석학자들의 영향을 크게 받는다. 이들은 환자가 겪고 있는 문제를 공유하면서 환자를 따뜻한 애정으로 대하고 환자와 진지하게 대화하는 것을 가장 중요한 치료 수단으로 여겼다.

프롬은 이들의 견해를 크게 수용하면서 1935년부터는 성욕을 인간 행위의 가장 근본적인 동인으로 보는 프로이트의 리비도 이론과 거리를 두게 된다. 프로이트는 인간은 자신의 본능적 욕구를 충족시키기 위해서만 타인과 관계한다고 보았다. 이와 달리 프롬은 인간은 고립된 존재가 아니라 다른 인간들과의 관계 속에서 자신을 형성해나가며, 이러한 관계가 인간의 인격 형성에 지대한 영향을 미친다고 보았다. 인간은 자신의 욕망을 충족시키는 수단으로서 다른 인간을 필요로 하는 것이 아니다. 오히려 다른 인간들과의 관계를 통해서 비로소 자기 자신이 되고 완전한 인격으로 성장할 수 있기 때문에 다른 인간들을 필요로 한다.

프로이트는 신경증의 기원을 자아(이성)가 성숙하지 못한 어린아이가 자신의 성욕(이드)과 부모의 권위(초자아) 사이에서 겪는 심리적인 갈등을 제대로 해결하지 못한 데서 찾고 있다. 이러한 갈등을 프로이트는 '오이디푸스 콤플렉스Oedipus complex'라고 부른다. 나이 어린 사내아이는 자신이 만나는 최초의 여성인 어머니에게 성적 욕구를 갖게 되면서 아버지와 경쟁관계에 들어서고, 아버지로부터 위협을 받게 된다. 신경증은 아직 자아가 성숙하지 못한 상태의 아이가 이러한 경쟁관계에서 비롯되는 불안을 적절한 방법으로 처리하지 못한 데서 생긴다.

프로이트에게 어린아이란 아버지나 어머니와 자려는 열망으로 부모를 어떻게 유혹할 것인가라는 생각 말고는 다른 어떤 것도 생각할 수 없는 탐욕스러운 존재였다. 즉 근친상간적인 환상이 어린아이의 본질적인 부분이라는 것이다. 프로이트의 원칙은 근본적으로 '죄인'은 어린아이이지 부모가 아니다. 프롬은 프로이트의 이러한 어린아이상은 가부장적인 사회에서 부모들이 어린아이들에게 갖는 상이라고 본다. 그리고 이러한 상은 부모의 권위를 방어하려는 필요에서 비롯된 것이라고 본다. 가부장적인 사회에서 부모들의 주요 관심은 아이들을 통제하는 것이며, 부모들의 사랑은 가학적인 성격을 띤다. '최선을 다하라. 그리고 네가 나의 통제를 거역하지 않는 만큼만 나는 너를 사랑한다.' 이것이 가부장적인 사회에서 자식에 대한 아버지의 사랑 혹은 아내에 대한 남편의 사랑이다.

가부장적인 사회에서 아이는 소유물로 여겨진다. 이러한 사회에서 부모는 자신도 모르게 아이들에게 상처를 주고, 더 나아가 통상적으로 고상한 이유로 상처를 준다. 이렇게 아이들의 자존감에 상처를 주면서 예민하고 똑똑한 아이가 자신을 바보라고 느끼게 만든다. 아이들에게 잠재되어 있는 자신에 대한 믿음, 자유에 대한 열망을 억제하기 위해 온갖 일이 행해진다.

프롬은 신경증은 어린아이와 아버지 사이의 성적인 경쟁에서 비롯되는 것이 아니라, 가부장적인 사회 분위기 아래에서 부모가 어린아이에게 행사하는 권위적인 억압과 이에 대한 어린아이의 반발에서 비롯된다고 본다. 어린아이는 부모의 권위적인 억압에 대해서 반발하지만, 이러한 반발이 실패로 끝나면서 어린아이가 받는 상처야말로 모든 신경증의 근원이 된다. 이러한 상처와 함께 어린아이의 자발성과 주체성 그리고 창조성은 약화되거나 마비되며, 어린아이는 커서도 자기 자신이 아니라 신이나 재물·명성·강박적인 의례나 사회적 여론 또는 유행과 같은 익명의 권위에 의존하게 된다.

프롬은 아이들은 아버지나 어머니에 대해서 성적인 열정이 아닌 강한 정서적 유대를 갖는다고 본다. 어머니는 보살핌과 애정을 주는 사람으로, 아버지는 가르침을 주는 사람으로 나타난다. 특히 아이가 어머니와 깊은 정서적·신체적 접촉을 갖지 못하면 아이의 정신발달은 심각한 손상을 입는다. 즉 어머니와의 접촉이 아이에게는 가장 원초적인 욕구인 것이다.

성적인 욕구보다도 따뜻한 인간관계에 대한 욕구가 인간의 원초적인 욕구라는 사실은 위에서 언급한 휴머니즘적인 심리학자 설리반의 실험에서도 드러난다. 워싱턴에 있던 성 엘리자베스 병원에서 일하던 설리번은 자신의 환자들만을 위한 병동을 마련해줄 것을 병원 측에 요구했으며, 환자들을 인간적으로 대하는 간호사들만 이 병동에서 일하게 했다. 환자들이 간호사들에게 모욕이나 학대를 당하지 않고 인격적으로 대우받으면서 환자들의 회복률은 현저하게 증가했다. 설리번이 정신분석학에 기여한 점은 인간이 정신적으로 건강한 삶을 영위하기 위해 중요한 것은 리비도, 즉 성적인 욕망의 충족이 아니라 따뜻한 인간관계라는 사실을 밝혀낸 것이다.

더 나아가 연구자들은 정신분열증을 겪는 환자들의 경우, 그들이 어린 시절에 가족으로부터 학대받지 않았다는 사실을 밝혀냈다. 다만 너무나 지루하고 생기가 없으며 서로에 대한 진실함과 애정이 결여된 가정에서 아이가 갈구한 인간적인 접촉이 충족되지 않았던 것이다.

프롬은 사람들이 타인들과의 관계에서 상처받을 수도 있지만 위로와 활기를 얻을 수도 있다고 보면서 항상 환자들과 친밀한 관계를 맺으려 했다. 환자와 정신분석가 사이의 친밀한 대화를 통해 두 사람은 서로에게 자신을 열면서 하나로 융합되는 것을 경험하게 된다. 이러한 관계를 프롬은 '환자들과의 춤'이라고 불렀다. 설리번은 정신분석가는 환자로부터 자신을 분리하여 환자를 관찰하는 것이 아니라 환자의 감정에 '참여하는 관찰자'가 되어야 한다고 보았다. 프롬은 설리번에게서 한 걸음 더 나아가 정신분석가는 '관찰하는 참여자'가 되어야 한다고 보았다. 그러나 이 경우에도 '참여하는'이라는 말은 환자의 외부에 머무른다는 뉘앙스를 갖는다. 환자를 제대로 알려면 그 사람 속으로 들어가 그 사람이 되어야 한다. 분석가는 환자가 경험하는 모든 것을 자신 속에서 경험할 경우에만 환자를 이해한다.

프롬은 자신의 정신분석학을 인본주의적 정신분석학이라고 불렀다. 이러한 정신분석학은 단순히 환자가 사회에 잘 적응하는 인간이 되는 것을 넘어서 이성과 사랑과 같은 인간의 본질적인 능력을 개화하도록 돕는 것을 목표한다.

이렇게 인간의 본질적인 능력을 강조함과 동시에, 프롬은 어린이를 부모와 환경이 만들어낸 결과라고 보는 통속적인 정신분석학도 비판한다.

'왜 나는 현재의 나인가?'라는 질문에 대해서 통속적인 정신분석학은 현재의 내가 된 것은 어린 시절에 그런 내가 되도록 조건 지어졌기 때문이라고 본다. 하지만 인간의 삶이 이렇게 환경과 조건에 의해서 결정된다면 인간이 독립적인 존재가 되는 것은 불가능하다. 어릴 때는 어머니나 아버지에게 의존하고, 성인이 되어서는 정신분석가에게 의존하거나 권위적인 정치가 등에 의존하게 될 것이다. 그러나 프롬은 네 살 혹은 다섯 살의 아이도 자기 나름대로 주체적으로 반응할 수 있는 능력을 가지고 있다고 본다.

따라서 '현재의 내가 이런 것은 내 어머니가 나를 잘못 길렀기 때문이다'라고 말할 수는 없다. 부모나 외부의 영향에 압도당하지 않기 위해 자신은 무엇을 했는지 물어보아야 한다. 중요한 것은 '왜 내가 현재의 내가 되었는가?'가 아니라 '나는 누구인가?'라고 묻는 것이며, '어떻게 다른 식으로 행동할 수 있는가?' 그리고 '자기 자신을 구원하기 위해서 나는 지금 무엇을 해야 하는가?'라는 것이다.

끝없는 성찰이 남긴
특별한 유산

정신분석학과 마르크스주의의 결합

프롬은 심리학과 사회학을 결합함으로써 분석적인 사회심리학이라는 새로운 분야를 개척하려고 했다. 이러한 관심 때문에 프롬은 1930년에서 1938년까지 프랑크푸르트학파의 산실産室인 사회연구소에서 일하게 된다. 여기서 그는 정신분석학과 마르크스주의를 결합하는 시도를 했다. 프롬은 사회연구소에서 호르크하이머Max Horkheimer나 마르쿠제Herbert Marcuse를 통해서 마르크스의 사상에 본격적으로 다가가게 된다.

마르크스를 연구하면서 프롬은 그를 프로이트보다 더 높이 평가하게 되었다. 프로이트는 '여성은 남근을 부러워한다'는 식의 가부장적인 사고방식에서 온전히 벗어나지 못했으며 사회와 역사가 인간의 정신에 미치는 영향을 무시하는 경향이 있었다. 이에 반해 마르크스는 가부장적인 사고방식뿐 아니라 가부장적인 사회가 사람들에게 주입하는 모든 편견에서 벗어나 있었다.

프롬은 무엇보다도 세계평화와 사해동포주의에 대한 마르크스의 열정에 크게 감동받았다. 마르크스는 인간의 완전성과 역사의 진보에 대해서 확고한 신념을 품고 있었다. 이 점에서 마르크스의 사상은 구약성서의 예언자에서 시작되어 기독교와 르네상스 그리고 계몽사상을 통해 계승된 서구의 휴머니즘 전통에 뿌리를 박고 있었다.

프롬은 세계평화와 사해동포주의에 대한 자신의 희구는 어릴 적부터 구약성서를 접하면서 받은 감동에서 비롯되었다고 본다. 프롬은 구약성서에서 무엇보다도 이사야, 아모스, 호세아 같은 예언자들에게 깊은 감동을 받았다. "모든 나라의 백성은 그들의 칼을 부수어 보습을 만들고 그들의 창을 부수어 낫을 만들며, 모든 나라가 서로 칼을 들지 않으며 더는 전쟁을 배우지 않을 것이다"라는 최후의 날에 대한 예언은 어린 프롬에게 형제애가 넘치는 인류 사회에 대한 열망을 불러일으켰다.

또한 프롬은 자신이 유대인이라는 것 역시 자신이 세계 평화와 사해동포주의의 구현에 큰 관심을 갖게 된 원인 중의 하나라고 보고 있다. 그는 어린 시절부터 독일 사회에 만연된 반유대주의를 온몸으로 체험했다. 이런 프롬에게 세계평화와 사해동포주의라는 예언자적인 비전만큼 정신을 고무하는 것은 없었다.

프롬은 마르크스를 높이 평가했지만, 동구사회주의에 대해서는 극히 비판적이었다. 그는 동구사회주의를 마르크스주의를 표방하는 소수의 관료들이 일반 대중을 지배하는 야만적인 사회로 보았다. 그는 동구사회주의를 마르크스가 지향했던 사회주의의 희화戲畵로 간주하면서 진정한 사회주의를 건설하기 위한 철학을 확립하고자 했다.

프롬은 유토피아가 실현되기 위해서는 단순한 사회구조의 변화만으로는 부족하며, 일종의 종교적인 회심에 비교될 수 있는 인간 성격의 근본적인 변화가 함께 수반되어야 한다고 보았다. 이 점에서 프롬은 마르크스에 대해서도 비판적이다. 마르크스는 오늘날 우리가 겪고 있는 모든 악이 자본주의라는 잘못된 사회구조에서 비롯된 것으로 보는 경향이 있다. 따라서 마르크스는 이러한 잘못된 사회구조만 바로잡으면 인간에게 원래 존재하는 선한 본성이 발휘되어 사랑과 조화 넘치는 사회가 이루어진다고 보았다.

프롬은 이러한 낙천주의적인 인간관은 순진한 것이라고 보았으며, 인간이 변화하기 위해서는 사회구조의 변화 못지않게 인간 개개인의 노력이 필수적이라고 보았다. 그리고 프롬은 인간이 자신을 변화시키는 것과 관련해서는 예수와 붓다, 유대교 신비주의와 기독교 신비주의, 실존철학과 프로이트의 정신분석학 등이 중요한 통찰을 제공한다고 보았다.

프롬이 사회연구소에서 행한 대표적인 연구는 독일 노동자들의 정신적인 성향에 대한 조사였다. 프롬과 연구소 동료들은 조사를 하기 전에는 독일 노동자들이 반권위주의적인 진보적 성향을 갖고 있을 것으로 기대했다. 그러나 조사 결과는 정반대였다.

응답자들의 82퍼센트가 사회민주당이나 공산당과 같은 좌익 정당의 이념에 동조하면서도 권위주의적인 성향을 드러냈다. 단지 15퍼센트의 응답자만이 반권위주의적인 성향을 갖는 것으로 드러났다. 다시 말해 15퍼센트만이 권위주의적 정당들과 싸울 수 있는 자발성과 용기 그리고 희생정신을 갖고 있었던 것이다. 사회주의 정당 지지자 중에서도 25퍼센트가 체벌을 선호했으며, 모호하게 권위주의적이거나(20퍼센트), 심각할 정도로 권위주의적인(5퍼센트) 성향을 드러냈다.

따라서 노동자들은 의식적으로는 파시즘에 반대했지만 무의식적인 성격 면에서는 파시즘을 방관하거나 그것에 동조할 수 있는 가능성이 농후했다. 프롬은 심지어 노동자들이 자신보다 높은 자들에게는 굽신거리면서 자신보다 낮은 사람들은 무시하는 성향을 갖는다고까지 보았다. 이러한 조사 결과는 노동자들이 주축이 되는 사회주의혁명을 기대했던 연구소로서는 엄청난 충격이었다. 이 조사는 프롬이 나중에 『자유로부터의 도피』를 쓰는 데 중요한 자료가 되었다.

두 번째 부인의 죽음과 세 번째 결혼 그리고 사랑의 기쁨

1933년에 나치가 독일에서 권력을 장악하자 유대인이었던 프롬은 나치의 박해를 피해 미국에 망명한다. 이후 유대인에 대한 박해가 노골화되자, 프롬은 독일에 있던 친척들과 친구들이 독일을 떠날 수 있도록 지원을 아끼지 않았다.

프롬은 1944년에 헤니 구를란트Henny Gurland와 두 번째 결혼을 한다. 헤니는 나치의 박해를 피해 독일을 탈출하던 중 폭탄 파편이 몸에 박히면서 그 후 극심한 류머티즘 관절염과 우울증을 앓게 된다. 프롬은 멕시코시티 근처에 있는 미네랄 온천이 헤니의 병을 치료하는 데 도움이 될 수 있다는 의사들의 권고를 받아들여, 1950년에 멕시코로 이주한다. 그러나 미네랄 온천도 도움이 되지 않았고, 그녀의 우울증은 갈수록 심해졌다. 프롬은 만성적인 통증과 우울증으로 시달리는 그녀를 지극정성으로 보살폈다. 그녀의 증세가 심각해질 때면 집필과 강의도 중단한 채 거의 24시간 동안 그녀를 돌보았다. 그러나 그녀는 1952년에 극단적인 선택으로 삶을 마감하고 만다.

아내의 죽음으로 프롬은 정신적으로 큰 상처를 입었다. 다행히 1953년에 미국 출신의 애니스 프리먼Annis Freeman과 사랑에 빠져 결혼하면서 활기를 되찾는다. 애니스는 아름답고 우아했으며 생기가 넘쳤다. 1958년 애니스가 암에 걸렸을 때 프롬은 그녀가 죽으면 자신도 함께 죽을 것이라고 말할 정도로 애니스를 사랑했다. 애니스 역시 프롬을 깊이 사랑했다. 그녀는 프롬이 죽었을 때 "프롬의 죽음이 자신의 삶을 심각하게 뒤흔들어놓았다"고 말했다. 보통 한두 개비의 담배를 즐겼던 애니스는 프롬이 세상을 떠나자 줄담배를 피우기 시작했다. 프롬의 죽음으로 인한 슬픔과 엄청난 흡연 그리고 암 때문에 그녀는 프롬 사후 3년 만에 세상을 떠난다. 1956년에 출간된 『사랑의 기술』은 두 사람이 나눴던 깊은 사랑의 결실이라고도 볼 수 있다.

프롬은 『사랑의 기술』에서 남녀 사이의 사랑을 다른 성 㶹과 완전하게 융합하려는 갈망이라고 말하고 있다. 사랑하는 두 남녀는 다른 관계에서는 보기 어려운 둘만의 깊은 친밀함을 추구한다. 프로이트가 남녀 사이의 합일과 사랑을 성욕의 표현 내지 승화라고 본 반면에, 프롬은 오히려 성욕을 이러한 합일과 사랑에 대한 열망의 발현이라고 본다.

프로이트는 성욕을 육체에서 화학적으로 생기는 고통스러운 긴장 상태라고 보면서 남녀 사이의 성행위는 이러한 긴장 상태에서 해방되는 것을 목표한다고 본다. 그러나 프롬은 프로이트가 파악하는 것과 같은 것이 성욕이라면 차라리 자위가 성욕을 해소하기 위한 이상적인 수단이라고 본다. 남녀 사이의 성행위가 이루어지기 위해서는 서로

밀고 당기는 복잡한 과정을 거쳐야 하는 반면에, 자위에는 그러한 과정이 필요 없기 때문이다.

프롬은 프로이트가 남녀의 양극성과 이러한 양극이 서로 결합하고 싶어 하는 욕망을 무시하고 있다고 본다. 프롬은 남녀가 서로에게 성적인 매력을 느끼는 것은 부분적으로만 성욕을 충족하려는 욕망에서 비롯될 뿐, 실은 다른 성과 합일하려는 욕망에서 비롯된다고 보고 있다. 여성은 남성의 성적인 기능에만 매력을 느끼는 것이 아니라 남성적인 성격에 매력을 느끼며, 이는 남성도 마찬가지다. 남성적 성격은 적극성, 지도력, 모험심과 같은 특성을 갖고 있으며, 여성적 성격은 수용성, 세심한 배려, 모성애와 같은 특성을 갖고 있다. 물론 프롬은 각 개인에게는 두 성격이 혼합되어 있으며, 남성적인 성격이나 여성적인 성격이 우위를 차지하고 있을 뿐이라고 말하고 있다.

그러나 프롬은 남녀 사이의 사랑이야말로 가장 기만적인 것이 될 수 있다고 말한다. 로미오와 줄리엣의 사랑처럼 영화나 소설에서 자주 묘사되고 흔히 '위대한 사랑'으로 불리는 사랑은 사실 '우상숭배적인' 성격을 갖는 경우가 많다. 어떤 사람이 자기 자신의 힘을 창조적으로 전개하지 못할 경우에, 그는 사랑하는 사람을 '우상화'하기 쉽다. 그는 자신의 주체적이고 창조적인 능력에 대한 신뢰를 상실한 채, 자신이 숭배하는 이성 없이는 자신의 인생이 아무것도 아니라고 생각한다. 사랑을 통해서 자기 자신을 상실하고 마는 것이다.

이러한 우상숭배적인 사랑은 보통 사랑에 '빠진다'는 폭발적인 경험을 수반한다. 그것은 한 사람이 다른 사람을 짝사랑할 경우에 격렬한 고통을 수반한다. 그러나 두 사람이 서로를 우상시하면서 사랑에 빠질 때는, 그 직전까지만 해도 두 낯선 사람 사이에 있던 장벽이 갑자기 무너져버리는 강렬한 일체감과 황홀감이 수반된다. 그러나 이렇게 격렬한 감정은 서로가 서로를 잘 알게 되자마자 사그라들기 시작한다.

어떤 사람을 짝사랑하다가 그 사람과 살게 되는 사람의 경우, 그는 자신이 우상시하던 상대방이 자신의 기대를 충족시키는 사람이 아니라는 사실을 얼마 지나지 않아 발견한다. 그는 그 사람에게 실망하면서 새로운 우상을 찾아 나선다. 짝사랑이 아니라 함께 사랑에 빠진 사람들의 경우에는 사랑에 '빠질 때' 사실은 상대의 마음에 들기 위해 가면을 쓰고 만나는 경우가 많다. 따라서 서로가 이러한 가면 뒤의 실상을 적나라하게 보게 된다면 황홀한 흥분은 실망으로 변하게 된다.

이러한 우상숭배적 사랑은 보통 매우 격렬한 형태로 나타나기 때문에 참되고 위대한 사랑으로 묘사되는 경향이 있다. 그러나 이러한 격렬함은 사실 우상숭배자가 사랑에 빠지기 전에 시달리고 있던 극심한 절망과 고독의 표현에 지나지 않는다. 만일 우리가 상대방을 진정으로 사랑한다면, 상대방이 '갑자기' 황홀한 존재로 보이거나 상대방이 '갑자기' 실망스러운 존재로 전락하는 일은 결코 없다. 서로를 진정으로 사랑하는 사람들 사이에서는 오히려 둘 사이의 장벽을 극복하는 기적이 매일 새롭게 일어날 것이다.

사람들은 흔히 참된 사랑에는 갈등이 전혀 존재하지 않을 것이라고 생각하곤 한다. 그러나 사랑은 단순한 휴식이 아니라 함께 움직이고 성장하는 것이기 때문에 갈등을 수반할 수밖에 없다. 따라서 자신과 전혀 갈등을 빚지 않을 이른바 '운명적인 상대'를 발견하는 것이 중요한 것이 아니라 항상 일어날 수 있는 갈등을 서로에 대한 신뢰와 원숙한 인격으로 극복하는 것이 중요하다. 남녀 사이의 사랑은 운명적인 사람을 만나서 사랑에 '빠지는' 것이 아니라 다른 기술들과 마찬가지로 연마하고 훈련해야 하는 기술인 것이다.

남녀관계에서 우리는 보통 '다른 사람을 사랑한다'는 것을 지극히 쉬운 일로 생각한다. 어려운 것은 사랑할 만한 대상, 곧 우리를 매료시키는 사람을 발견하는 것이지 그러한 사람만 발견하면 사랑의 감정은 저절로 따라온다고 생각하는 것이다. 프롬은 이러한 생각을 그림을 잘 그리고 싶어 하면서도 그림 그리는 연습을 하기보다는 올바른 대상만 발견하면 그림은 저절로 아름답게 그려진다고 생각하는 것과 비슷하다고 본다.

남녀 사이의 사랑은 두 사람이 몸을 섞을 정도로 서로에게 서로를 전폭적으로 내맡기는 성격을 갖는다. 이 때문에 남녀 사이의 사랑은 서로에 대한 독점욕으로 화할 수 있는 위험성을 갖는다. 또한 두 남녀가 서로는 사랑하지만, 다른 사람에게는 전혀 사랑을 느끼지 못하게 되기도 한다. 그들은 모든 남자는 아담의 한 부분이고 모든 여자는 이브의 한 부분이라는 사실을 보지 못한다. 이 경우 그들의 사랑은 사실 두 사람 사이의 이기주의에 지나지 않는다. 육체까지도 포함한 생명의 모든 면에서 서로가 완전히 융합되고 서로에게 자신을 전적으로 맡긴다는 의미에서 남녀 사이의 사랑은 두 사람만의 내밀한 관계라는 독특한 성격을 갖는다. 그렇다고 해서 그것이 다른 사람들에 대한 사랑을 배제하는 것은 아니다. 오히려 남녀 사이의 사랑은 자신이 사랑하는 이성을 통해서 전 인류와 살아 있는 모든 것을 사랑하는 것이다.

남녀 사이의 진정한 사랑은 본질적으로 능동적인 의지의 행위, 곧 나의 생명을 다른 한 사람의 생명에 완전히 내맡기는 결단의 행위다. 어떤 사람을 사랑한다는 것은 단순히 강렬한 감정만의 문제는 아니다. 그것에는 결단과 약속이 개입된다. 만일 사랑이 단순히 감정이라면 사람들은 영원한 사랑을 서로에게 약속할 수 없을 것이다. 감정은 쉽게 변하기 때문이다. 물론 그렇다고 해서 남녀 사이의 사랑에서 상대에게 끌리는 감정이 중요하지 않다는 것은 아니다. 남녀 사이의 사랑에서는 그러한 감정이 중요한 역할을 하기 때문에 형제애나 모성애와는 다른 것이다.

프롬은 애니스와의 사랑에서 남녀 사이의 참된 사랑과 이러한 사랑에서 비롯되는 행복을 경험했던 것 같다. 프롬의 동료들은 자기도취적이고 불평이 많았던 프롬이 애니스와 결혼한 후에는 명랑하고 마음이 따뜻한 사람으로 변했다고 말했다. 프롬과 애니스는 사랑의 힘으로 심각한 병도 극복할 수 있었다. 애니스는 유방암을 극복했으며 프롬도 심장질환을 이겨냈다.

"정신분석학보다 위대한" 선불교의 가르침

프롬은 서양에 선불교를 소개한 스즈키 다이세츠鈴木大拙와 '정신분석학과 선불교'를 주제로 1957년에 공동 세미나를 개최한다. 프롬에게 스즈키와의 세미나는 극히 중요한 사건이었다. 프롬은 당시 87세의 스즈키를 흠모했으며 그에게서 선불교에 대해 배웠다. 프롬은 스즈키에게서 자신이 젊은 시절에 존경해마지 않았던 라빈코프와 유사한 인간을 보았다.

프롬은 1956년에 스즈키와 저녁식사를 함께 하면서 오랜 시간 대화를 나누었다. 프롬은 이 시간을 "자신의 인생에서 가장 훌륭한 식사"라고 말했으며, 스즈키에게 쓴 편지에서 "그날 함께 대화하면서 자신의 마음속 무엇인가가 크게 움직였다"고 썼다. 프롬은 그때 자신이 선불교의 본질을 이해하게 되었다고 생각했다. 프롬은 선불교에 대해 이렇게 평하고 있다.

선禪은 내가 알고 있는 한에서는 가장 세련된 반反이데올로기적이고 이성적인 체계이며, 그것은 '비종교적' 종교nonreligious religion를 발전시키고 있다. 선이 지식인들 사이에서 열렬한 관심을 불러일으켜 서양 세계에 지대한 영향을 미치게 될 것이라는 생각은 터무니없는 것이 아니다.

여기서 '비종교적' 종교라는 것은 선불교가 그리스도교나 이슬람과 같이 인격신이나 특정한 교리와 예식체계를 무조건적으로 신봉하는 종교가 아니라는 것을 의미한다. 선불교가 목표하는 것은 인간을 지혜와 사랑으로 충만한 인간으로 변화시키는 것뿐이다.

선불교에 대한 프롬의 관심은 단순히 이론적인 것에 그치지 않았다. 프롬은 매일 아침 10시에서 11시까지 명상을 했다. 프롬은 1975년에 자신의 75세 생일을 기념하기 위한 심포지엄에서 발표를 했다. 그는 병 때문에 쇠약해져 있었지만, 전혀 피로한 기색을 보이지 않고 두 시간에 걸친

발표를 해냈다. 사람들이 그 비결을 묻자 프롬은 자신이 그 날 아침 2시간 동안 호흡과 명상을 했다고 대답했다.

프롬은 선불교가 인간 자신을 인식하고 치유하는 데 큰 도움이 되며 정신분석학보다 더 위대하다고 보았다. 프롬은 꾸준히 참선 수행을 하면서 성품이 많이 변화되었다. 종종 거만하고 깐깐했으며 심하게 우울해하기도 했던 프롬은 따뜻하고 친근미가 있는 사람으로 변화되었다. 가까운 사람들이 그 변화를 느낄 정도였다.

프롬은 마르크스주의자나 정신분석학자로서는 극히 드물게 영성의 중요성을 강조한 사상가다. 프롬은 중세의 가톨릭 신비주의자 마이스터 에크하르트^{Meister Eckhart}와 유대교 신비주의인 하시디즘의 경전 그리고 범신론자인 스피노자^{Baruch de Spinoza}를 자주 읽었으며 하시디즘의 노래를 즐겨 불렀다. 혹자는 프롬을 무신론적인 신비주의자라고도 부른다. 프롬에게 영성은 기독교나 이슬람에서 말하는 인격신과는 무관한 것이었다. 그것은 인간 안에 존재하는 가장 근원적인 신성으로서 인간뿐 아니라 만물에 대한 사랑을 가능하게 하는 것이었다. 영성은 자아 안에 있으면서도 자아를 넘어서 있는 것이었고, 자아로 하여금 우주적인 합일을 열망하게 하면서 그것을 가능하게 하는 것이었다.

프롬은 『사랑의 기술』에서 모성애와 부성애를 비롯한 다양한 형태의 사랑을 분석하면서 신에 대한 사랑도 분석하고 있다. 이때 프롬이 염두에 두고 있는 신은 결국 우리 내면의 영성이자 신성이며, 모든 것과의 분열에서 벗어나 사랑으로 충만하고 지혜롭게 깨어 있는 정신을 가리킨다.

그러나 프롬은 현대인들이 진정한 의미의 신을 경험하지 못하고 우상숭배에 빠져 있다고 본다. 이런 의미에서 프롬은 오늘날에는 신에 대한 사랑이 붕괴되었다고 말한다. 오늘날에는 종교를 믿는 사람들도 신의 도움이 필요하다고 생각할 때만 신에게 기도를 할 뿐이고, 신의 도움이 필요하지 않을 때는 물질적 부를 쌓고 사회적으로 성공하는 것에만 몰두한다.

이런 점에서 현대인들은 세 살 난 어린아이의 상태와 유사하다고 프롬은 말한다. 세 살 정도의 어린아이는 부모가 필요할 때는 부모를 찾으며 울지만, 부모의 도움이 필요하지 않으면 자신의 놀이에 빠져 있다. 서양 중세시대처럼 종교가 지배했던 시대에도 사람들은 대부분 기복신앙에 빠져 있었으며 현대인들과 마찬가지로 신을 자신들을 도와

주는 아버지나 어머니로 생각했다. 그러나 그들은 영혼의 구원을 가장 중요한 것으로 생각하면서 진지하게 신의 말씀에 따르려고 노력했다. 프롬은 이런 점에서 그들이 부모의 가르침을 자신의 양심으로 내면화하기 시작하는 여덟 살 난 어린아이와 유사하다고 본다.

서양의 중세시대를 지배했던 것이 특정한 종교를 광적으로 신봉하고 그것을 믿지 않는 사람들을 마녀나 이단으로 모는 히스테리성 광기라면, 오늘날을 지배하고 있는 광기는 생각과 감정이 분리되는 정신분열증이다. 사람들은 교회에서 사랑에 관한 설교를 듣고 사랑을 행해야 한다고 생각은 하지만, 돈이 없는 손님들에게는 절대로 물건을 팔지 않을 것이다. 사람들이 종교를 믿는 것은 신에게 귀의함으로써 자신의 정신을 정화하기 위해서가 아니고, 삶에 대한 회의나 불안에서 벗어나기 위해서다.

더 나아가 현대에서 종교는 사람들의 정신을 시장에서의 경쟁에서 성공할 수 있게 만드는 심리요법으로 바뀌었다. 예컨대 신에 대한 믿음과 기도는 성공을 위해 필요한 능력을 증진하는 수단으로 사람들에게 권고된다. 이 경우 '신을 당신의 반려로 삼으라'는 말은 신의 본질적인 성격인 사랑과 정의와 진리를 구현하려고 노력하라는 의미가 아니라 사업에서 신을 동업자로 만들라는 의미다.

현대인들 중에 종교를 믿지 않는 사람은 부모와 같은 조력자로서의 신에 대한 신앙을 미신으로 간주하면서 종교를 버렸다. 그러나 동시에 동서양의 모든 위대한 종교가 공통으로 지향하는 목표, 즉 자기중심적인 자아의 한계를 극복하고 사랑을 행하는 것조차 망각하게 되었다.

철학자 프롬, 정치에 뛰어들다

1955년 프롬은 자신이 생각하는 인본주의적인 사회주의를 실현하기 위해 미국 사회당에 가입했다. 그러나 그의 여러 제안이 당 내부의 뿌리 깊은 관료주의로 받아들여지지 않자 결국은 당을 떠나게 된다. 그렇다고 해서 프롬이 모든 정치활동을 중단한 것은 아니었다. 프롬은 영향력 있는 정치가들이나 기자들에게 편지를 쓰는 등의 활동을 통해 세계평화를 위해 자신이 할 수 있는 모든 노력을 다했다. 이러한 편지들은 특히 소련이나 중공, 쿠바 사태나 중동문제와 같은 국제정치적인 문제들이나 케네디 암살과 같은 문제를 다루었다.

무엇보다도 프롬은 1957년에서 1968년에 걸쳐서 평화 운동을 위해 많은 시간과 에너지 그리고 돈을 쏟았다. 프롬은 미국과 소련이 끊임없이 핵무기를 만들어내던 당시의 세계가 2차 세계대전이 일어났던 1930년대와 1940년대보다 더 위험한 시대라고 보았다. 프롬은 핵무기로 인해 인류가 절멸될 수 있다고 우려하면서 미국만이라도 군비를 축소할 것을 주장했다.

1960년 군비축소과 비무장에 관한 프롬의 글이 당시 대통령 후보였던 케네디의 관심을 끌었다. 1963년의 한 연설에서 케네디는 세계에 대재앙이 닥치는 것을 막기 위해 비핵화와 소련과의 평화 공존을 역설했다. 이 연설에서 케네디가 주창한 도덕적 가치들은 물론이고 그가 사용한 특정한 몇 개의 단어는 프롬의 글을 반영하고 있다. 이러한 다양한 노력을 통해 프롬은 풀브라이트^{James William Fulbright} 상원의원과 가까운 사이가 되었고, 풀브라이트의 제안으로 긴장 완화 정책에 대한 프롬의 견해가 미국 상원에서 논의되었다. 프롬은 1962년 모스크바에서 열린 세계평화회의에서 당시 회의에 참석했던 미국 지도자들과 흐루쇼프^{Nikita Khrushchyov}를 비롯한 소련 지도자들을 격렬하게 비판했다. 그

외에 프롬은 팔레스타인 난민들을 돕는 일에도 참여했다. 프롬의 강연과 저서들은 그의 엄청난 기부활동과 함께 전세계 평화운동가들과 인권운동가들에게 큰 힘이 되었다.

프롬은 아버지 회사에서 일하던 사회주의자와 열두어 살 때부터 정치에 대해서 이야기를 나눌 정도로 평생 정치에 깊은 관심을 가져왔다. 프롬은 자신의 성격은 정치활동에 맞지 않는다는 사실을 잘 알고 있었다. 그러나 그는 평화운동의 세계적인 지도자가 되었다. 프롬이 정치활동에 뛰어들게 된 것은 3차 세계대전의 발발이 우려될 정도로 파국을 향해서 치달리는 세계적인 위기 상황을 방관해서는 안 된다는 사명감 때문이었다. 프롬은 죽는 날까지 세계가 파멸에 처하는 일은 막아야 한다는 사명감으로 가득 차 있었다.

그러나 프롬은 나중에 자신의 정치활동 참여가 단순한 사명감 이상의 이유 때문이었다는 사실을 깨닫게 되었다고 말한다. 세계가 광기에 빠지고 비인간적이 될수록 사람들은 인간적 관심을 함께 나눌 수 있는 사람들을 찾게 된다. 프롬은 바로 이러한 욕구가 자신이 정치에 참여하게 된 주요한 원인 중 하나라고 보았다. 프롬은 세계평화와 사회개혁을 위한 활동을 하면서 인류에 대한 사랑과 책임의식이 넘쳐나는 많은 사람을 만났다. 그는 그들과 함께 투쟁하고 서로 격려하고 용기를 불어넣어 주면서 큰 기쁨과 함께 인류에 대한 희망을 느꼈다.

프롬이 살던 시대는 전쟁과 혁명의 시대라고 할 만큼 격동의 시대였다. 그러나 이 시대는 프롬에게 인간과 사회와 관련된 풍부한 경험을 제공한 실험장이기도 했다. 1차 세계대전, 러시아혁명, 이탈리아와 독일에서 일어난 파시즘과 나치즘의 승리, 러시아혁명의 타락, 스페인 시민전쟁, 2차 세계대전, 소련과 미국 사이의 군비확장 경쟁. 이 모든 일이 프롬에게 다양한 경험적 자료를 제공했으며, 이러한 자료를 토대로 프롬은 가설을 만들고 그러한 가설을 검토할 수 있었다.

프롬과 가까운 사람들이 프롬의 중요한 특징 중 하나로 꼽은 것은 넘치는 에너지였다. 그는 끊임없이 연구하고 집필했으며 일했다. 그는 매우 규칙적인 생활을 했다. 매일 30분씩 걷는 것으로 하루를 시작했고, 네 시간 동안 글을 쓴 후 한 시간 동안 명상했다. 간단한 점심을 먹은 후 오후에는 환자들을 상담했다. 프롬의 엄청난 활력은 그가 그다지 건강한 사람이 아니었다는 사실을 떠올리면 놀라운 일이다. 프롬은 1920년대 말과 1930년대 대부분의 기간 동안 결핵으로 고생했다. 그 후 1950년대 중반까지는 건강했지만, 1950년대 말부터는 만성적인 대장질환, 후두염, 기관지염, 잦은 감기와 독감, 만성피로, 심장질환 등을 앓았다. 이렇게 갖가지 병에 시달리면서도 프롬은 세계평화를 위한 활동이나 강연, 집필을 전혀 차질 없이 진행했다. 심지어 20일 동안 20여 개의 강의를 한 적도 있었다.

물론 프롬이 항상 존재양식의 삶을 산 것은 아니다. 프롬에게도 완벽한 존재양식의 삶은 어디까지나 이상이었다. 프롬은 예리한 지성의 소유자에게서 자주 볼 수 있듯이 신경질적인 면이 있었고, 종종 교만하다는 말을 들을 정도로 자기도취적인 면도 있었다. 또한 매해 엄청난 인세와 강연료를 받았기 때문에 사치스럽게 보일 수 있는 삶을 살기도 했다. 더 나아가 권위주의적인 성향을 드러낸 적도 있었다. 자신이 운영하는 연구소에서 프롬의 이론에 충실한 사람들은 주요한 위치를 차지했지만, 그렇지 못한 사람들은 어느 정도 소외되었다. 그러나 프롬이 존재양식의 삶을 말로만 내세우는 것을 넘어서 그러한 삶을 살려고 진지하게 노력했다는 사실을 부정할 수는 없다.

누구에게든 산다는 것은 만만한 일이 아니지만, 프롬에게도 삶은 쉽지 않았다. 그는 결혼을 세 번했지만 첫 번째와 두 번째 결혼은 평탄하지 않았다. 특히 두 번째 부인의 죽음으로 큰 충격과 슬픔을 겪었다. 그러나 프롬은 이러한 결혼생활을 통해 더욱 원숙해졌다. 프롬과 가까이 지냈던 사람들은 프롬이 1950년대 중후반부터는 넉넉하고 온화한 사람이 되었다고 말했다.

1980년, 80세 생일을 5일 앞두고 있던 프롬은 아무런 고통의 기색도 보이지 않고 심장마비로 숨졌다. 죽기 3주 전에 쓴 한 편지에서 프롬은 "모든 것을 내려놓았다"고 썼다.

Q 묻고

A 답하기

프롬의 사상이 정치에 미친 영향을 짐
작해볼 수 있는 일화가 있는가?

로런스 프리드먼의 『에리히 프롬 평전: 사랑의 예
언자 프롬의 생애』에 따르면, 프롬이 1960년 가을
《다이달로스Daedalos》에 실은 군비감축과 비무장에
관한 글이 당시 대통령이었던 케네디의 큰 관심을
끌었다고 한다. 그 글에서 프롬은 미국이 소련에
점진적인 군비감축을 계속해서 제안해야 하며,
소련과의 합의를 통해서 종국적으로는 비핵화를
이룩해야 한다고 썼다. 로런스 프리드먼에 따르

면, 케네디가 프롬과 전화 통화를 한 적도 있다고
믿을 만한 근거도 있다. 1963년 6월 10일 케네디
가 워싱턴의 아메리칸대학에서 행한 연설에서도
우리는 프롬의 영향을 엿볼 수 있다. 이 연설에서
케네디는 이렇게 말했다.

내가 생각하는 평화란 어떤 것일까요? 우리가 추
구하는 평화는 어떤 것일까요? 그것은 미국이 전
쟁 무기를 통해 세계를 지배하는 '미국의 지배에
의한 평화'가 아닙니다. […] 본인이 말하는 평화
는 […] 미국인만을 위한 평화가 아니라 모든 사
람을 위한 평화, 우리 시대의 평화만이 아니라 모
든 시대를 위한 평화입니다. […] 평화가 불가능
하다고 생각하는 사람이 너무나 많습니다. […]
그러나 이는 위험하고 패배주의적인 생각입니
다. 그런 생각은 전쟁은 불가피하고, 인류는 숙명
적으로 멸망하게 되어 있으며, 우리는 우리 자신
이 어찌할 수 없는 힘에서 벗어날 수 없다는 결론
으로 귀착됩니다.

프롬의 프로이트 해석을 당대의 철학
계는 어떻게 받아들였는가?

프랑크푸르트학파 내에서 프로이트 해석을 둘러
싼 프롬과 마르쿠제의 논쟁은 유명하다. 프롬은
프로이트의 탁월함을 인정하면서도 성적인 욕망
을 실마리로 하여 인간 삶의 모든 현상을 설명하려
고 하는 프로이트의 시도에 대해서는 비판적이었
다. 프롬은 성적인 욕망의 해방보다는 사람들의
관계를 사랑이 넘치는 관계로 만드는 것이 중요하
다고 보았다. 이에 반해 마르쿠제는 성적인 욕망
을 중심으로 한 쾌락 충동이 자본주의사회를 전복
하는 혁명의 원동력이 될 수 있다고 보면서 프롬의
사상이 보수적인 성격을 갖는다고 비판했다.

2부＿＿＿＿＿＿＿

우리는

고독 하 고
무 력 하 게

낮선
세계에
던져져 있다

결합과 합일에 대한 욕망과 초월과 창조를 향한 욕망 그리고 지향의 틀과 헌신할 대상에 대한 욕망이 긍정적인 형태로 나타날 경우에 그것은 사랑, 친절, 연대, 자유 그리고 진리를 구하려는 욕망으로 나타난다. 그러나 그것이 부정적인 형태로 나타날 경우에는 편협한 이기주의나 지배욕과 소유욕 혹은 광신적인 민족주의나 인종주의와 같은 이데올로기나 광신적인 종교에 예속된다.

우리는 정말 자유를
원하는가

인간은 왜 자유로부터 도피하는가

"자유가 아니면 죽음을 달라"는 말은 미국 독립혁명의 지도자 패트릭 헨리[Patrick Henry]가 미국 독립전쟁이 시작되기 한 달 전에 미국인들에게 영국에 대한 항쟁을 호소하면서 부르짖었던 말이다. 이 말은 그 후 프랑스혁명이나 1871년 파리코뮌을 비롯하여, 압제에 대한 민중의 항쟁이 일어나는 모든 곳에서 민중에게 죽음을 불사하는 용기와 열정 그리고 목숨보다도 자유를 더 소중하게 생각하는 자신에 대한 자부심을 불어넣었다. 유사한 말로는 "무릎 꿇고 살기보다 서서 죽기 원한다"는 말도 있다.

이런 말을 들으면 사람들은 참으로 자유를 원하는 것 같다. 그런데 사람들은 정말로 자유를 원하는가? 사람들은 정녕 무릎 꿇고 살기보다 차라리 죽기를 원하는가? 역사를 보면 오히려 자유보다는 무릎을 꿇고 노예의 삶을 택한 경우가 훨씬 더 많지 않은가? 우리는 자유보다는 비굴한 연명을 더 바라는 것은 아닌가? 그렇지 않으면 노예제가 어떻게 그토록 오랫동안 존속할 수 있었겠는가?

헤겔은 그의 유명한 '주인과 노예의 변증법'에서 대다수 사람은 자유보다는 비굴한 연명을 택한다고 보았다. 노예제가 시작되기 전, 사람들은 인정을 둘러싼 투쟁을 벌인다. 이러한 투쟁에서 승패를 결정하는 것은 죽음에 대한 태도다. 노예가 되느니 차라리 죽겠다고 생각하면서 죽음을 불사하며 싸우는 자는 주인이 된다. 이에 반해 죽음이 두려워 상대방의 우월함을 인정하면서 목숨을 구걸하는 자는 노예가 된다. 자신의 목숨보다도 자신의 위신과 명예를 더 중시하는 자가 주인이 되는 것이다.

물론 헤겔은 서양의 역사에서 노예는 수천 년에 이르는 자기도야의 과정을 통해서 자신의 존엄성을 깨닫게 된다고 본다. 귀족은 무위도식하지만 노예는 노동을 해야 한다. 그런데 노동이란 인간이 이성을 통해서 생각한 형상을 거친 자연에 각인시키는 것이다. 노예들은 힘겨운 노동을 통해 자신들의 이성적 능력을 발전시키면서 자신들도 주인 못지않게 존엄한 존재라는 사실을 깨닫는다. 이와 함께 노예들은 주인과 동등한 권리를 갖기 위해 주인들에 대한 투쟁을 전개하게 된다. 서양의 역사를 통해서 면면하게 전개되어 온 노예들의 투쟁은 프랑스혁명에서 정점에 달한다.

그러나 어떻든 헤겔 역시 대다수 인간에게는 자유보다 노예적인 연명을 택하는 성향이 존재한다고 보았다. 이러한 성향을 극복하기 위해서는 지난한 자기도야의 과정이 필요하다. 이러한 사실을 생각하면, 우리에게는 자유보다 자신과 자신의 가족이 비굴하게나마 생존하기를 바라는 성향이 강하게 존재한다고 할 수밖에 없는 것 같다. 사실 사람들이 비굴한 생존보다 자유를 택하는 성향이 더 강했다면, 패트릭 헨리가 굳이 "자유가 아니면 죽음을 달라"고 외치지도 않았을 것이다.

마르크스는 〈공산당선언〉을 이렇게 마치고 있다.

프롤레타리아가 잃을 것은 쇠사슬밖에 없으며 얻을 것은 온 세상이다. 만국의 프롤레타리아여, 단결하라!

그러나 만국의 노동자들이 자본가들에 대한 투쟁을 전개할 때 쇠사슬만 잃는 건 아니었다. 그들은 목숨을 잃을 수도 있었으며 그들에게 딸린 식솔들의 생계도 위태롭게 될 수 있었다. 따라서 노동자들은 자본가들이 타협의 손길을 내밀었을 때, 혁명보다는 개량을 택했다. 노동자들은 마르크스가 설파하는 공산주의라는 이상사회를 건설하기 위해 순교하기보다는 임금 인상이나 노동시간의 단축 그리고 각종 복지 혜택의 보장을 통해서 안락하게 사는 것을 택했다.

레닌^{Vladimir Ilyich Lenin}이 공산당이라는 엘리트 집단이 노동자들을 지도해야 한다고 주장했던 것도 바로 이 때문이었다. 노동자들이 자발적으로 수행하는 자본가들에 대한 저항은 자본가들과의 타협으로 흐르기 쉽다는 것이다. 공산당이란 '공산주의 사회의 건설을 위해 목숨을 바칠 정도로 마르크스 이념으로 철저하게 무장한 자들의 집단'이다. 공산당은 노동자들을 이끌면서 노동자들에게 노동자들이야말로 공산주의의 건설을 통해 인류를 모든 압제에서 해방하는 전사라는 소명 의식을 불어넣어야 한다. 레닌의 이러한 구상은 적어도 러시아에서는 성공했다.

어떻든 레닌은 인간에게는 자유보다 생존을 택하는 성향이 강하다고 생각했으며, 그러한 성향을 극복하기 위해서는 철저한 정신 개조가 필요하다는 사실을 꿰뚫어 보았다. 그러나 프롬이 '자유로부터의 도피'에 대해서 말할 때 염두에 두고 있는 현상은 생존을 위해 자유로부터 도피하는 현상은 아니다. 인간도 동물의 일종인 이상, 자신과 가족의 생존을 확보하려는 욕망은 가장 강한 욕망이다. 이러한 욕망과 자유라는 이상이 서로 갈등할 때 자유를 선택한 사람들의 용기를 우리는 찬양하지만, 그렇다고 해서 생존을 택한 사람들을 비난하기는 어렵다. 우리 자신도 그럴 수 있는 가능성이 충분하기 때문이다. 특히 자신의 자녀들을 위해 자유보다 생존을 택한 사람들을 비난하기는 더더욱 어렵다.

기꺼이 노예가 되기를 택하는 인간의 심리

프롬이 '자유로부터의 도피'에 대해서 말할 때 염두에 두고 있는 것은 생존을 위해서 자유를 포기하는 것이 아니라 굳이 생존이 위협받고 있지 않는데도 자신의 자유를 포기하는 것이다. 예를 들어 광신적인 종교나 정치이데올로기에 빠지는 것도 자유를 포기하는 것이다. 사람들은 자발적으로 그러한 종교나 정치이데올로기의 노예가 된다. 신과 신의 대리인을 자처하는 성직자들의 노예가 되고, 민족이나 인민을 대표한다고 자처하는 정치가들의 노예가 된다.

앞에서 레닌과 러시아혁명에 대해서 이야기했지만, 혁명의 성공 후에 정작 권력을 잡은 것은 노동자가 아니라 공산당이었다. 노동자들은 빵은 얻었을지 모르지만 자유는 상실했다. 차르 체제하의 러시아는 공산당 독재하의 새로운 노예국가로 변모되었다. 사람들은 도처에서 감시의 눈을 번뜩이고 있는 공산당의 압제 속에서 공산당이 정한 삶의 규칙에 따라 살아야 했다.

그러나 스탈린Joseph Stalin의 공포정치에도 불구하고 스탈린이 죽었을 때 러시아 국민 다수는 스탈린의 죽음을 애통해했다. 스탈린의 장례식에 참석하기 위해 전국에서 수많은 사람이 모여들었고, 제대로 통제가 되지 않아 100여 명이 압사당했다. 이는 나치 지배하의 독일인들이 패배가 이미 분명해진 상황에서도 총통에게 변함없는 충성을 다짐하면서 연합군과 싸웠던 것과 다를 바 없다.

사람들은 신이라는 성스러운 존재를 대표한다고 자처

하는 교회와 성직자들에게 기꺼이 복종하면서 자신의 소중한 재산을 갖다 바친다. 이와 마찬가지로 조국과 민족 혹은 민중이라는 숭고한 존재를 대표한다고 자처하는 정치가들에게 전권을 넘기고 그들의 권위에 기꺼이 복종한다. 우리는 사람들이 어떻게 해서 신천지 교주인 이만희라든가 히틀러나 스탈린 같은 인간들에게 절대적으로 복종하게 되었는지 의아해한다. 그러나 이러한 현상은 드문 게 아니라 쉽게 찾아볼 수 있는 현상이다.

사람들은 사후에 영원한 천국에 가기 위해 모진 고문을 감수하면서까지 예수가 하느님의 독생자라는 믿음을 포기하지 않는다. 그리고 공산주의라는 계급도 경쟁도 갈등도 없는 사회를 실현하기 위해서, 혹은 순수하고 고귀한 피를 가진 게르만족이 지배하는 이상국가를 실현하기 위해서 자신의 목숨을 초개처럼 바친다. 그러한 이념을 신봉하는 사람들에게는 천국이나 이상사회는 현실보다도 더 실재하는 것으로 여겨지겠지만, 그것을 믿지 않은 사람들에게는 황당하기 짝이 없는 망상에 불과하다.

그러나 광신적인 종교나 정치이데올로기에 빠지지 않은 사람들이라고 해서 자유를 택한 것은 아니다. 자본주의

사회에서 많은 이들이 물신의 노예가 되는 것을 택한다. 사람들은 죽을 때까지 다 쓰지도 못할 부를 얻기 위해 자신을 혹사한다.

프롬이 『자유로부터의 도피』에서 탐구하고 있는 것은 바로 이러한 현상이다. 프롬은 이 책에서 나치즘을 위해 자신의 자유와 함께 목숨까지 바쳤던 사람들의 심리를 탐구하고 있다. 그러나 이 책에서 나치즘이 하나의 예외적인 사건으로서 탐구되고 있는 것은 아니다. 오히려 과거뿐 아니라 오늘날에도 여전히 나타나고 있는 현상들의 대표적인 예로서 탐구되고 있다. 형태만 바뀌었을 뿐, 나치즘과 본질이 동일한 현상이 지속적으로 나타나고 있다는 것이다. 프롬은 그러한 현상 모두를 '자유로부터의 도피'라고 부른다.

삶은 가능성으로
가득 차 있기에 불안하다

동물은 자유롭다

인간은 왜 자유로부터 도피하는지 살펴보기 전에 '자유란 무엇인가'에 대해서부터 탐구할 필요가 있다. 자유라는 말은 다른 일상어들과 마찬가지로 단 하나의 의미로 쓰이지 않고 다양한 의미로 쓰이기 때문이다. 여기서 우리는 '자유란 무엇인가'라는 문제를 동물의 자유와 인간의 자유를 비교하는 방식으로 탐구해보려고 한다. 그러나 이를 위해서는 동물과 인간은 본질적으로 동일한지, 아니면 차이가 있는지, 그리고 차이가 있다면 그 차이는 무엇인지에 대해서 먼저 살펴보아야 한다.

우선 '동물은 자유로운가'라는 물음을 던질 수 있다. 우리는 흔히 동물의 행동은 본능에 의해 구속되어 있기에 자유롭지 않다고 말한다. 그런데 동물이 본능에 따라 산다는 것이 과연 동물이 자유롭지 못하다는 것을 의미하는 것일까? 동물은 오히려 본능에 따라서 살기에 자유로운 것은 아닐까?

인간은 자신이 사는 공간을 답답해하면서 다른 공간에서 살기를 원할 수 있다. 시골에 사는 사람은 도시에서 살기를 원할 수 있고, 도시에서 사는 사람은 시골에서 살기를 원할 수 있다. 어쩌면 자신이 태어난 곳을 떠나 외국에서 살기를 희망할 수도 있다. 이는 인간이 상상력을 갖기 때문에 가능하다. 인간은 본능에 구속되어 있지 않기 때문에 자신이 사는 삶의 환경보다 더 나은 환경을 꿈꿀 수 있다.

그런데 시궁창에서 사는 지렁이가 다른 공간에서 살기를 희망하면서 시궁창을 답답해한다고 상상해보자. 이 경우 지렁이는 건강하게 생존하기 어려울 것이다. 지렁이는 자연이 자신에게 부여해준 본능에 따르면서 자신이 사는 세계에 아무런 불만 없이 뿌리를 내린 채 살기에 건강하게 산다. 동물에게는 본능에 따라서 사는 삶이 합리적이고 건강한 삶이다.

보통 우리는 외적인 강제에 의하지 않고 행동하는 것을 자유라고 정의한다. 이런 정의에 따르면, 동물에게 본능은 스스로 선택한 것이 아니라 자연에 의해 주어진 것이기 때문에 본능에 따라서 사는 동물은 자유롭지 못한 것이 된다. 그러나 앞에서 언급했듯이, 동물은 본능에 따라서 살 때 건강하게 산다. 따라서 건강한 삶에 도움이 되는 방식으로 행동하는 것이 자유라고 새롭게 정의할 필요가 있다. 자유에 대한 이러한 정의에 따르면, 본능에 충실하게 사는 동물은 자유롭다고 할 수 있다.

유사 이래로 동물의 자유로운 삶을 방해하는 존재는 자연이 아니고 오히려 인간이다. 인간은 많은 동물을 인간의 욕망을 충족시키는 도구로 만들어버렸다. 부드러운 육질을 얻기 위해 소를 좁은 우리 안에 가둬 움직이지 못하게 키우거나, 많은 달걀을 얻기 위해 수많은 닭을 비좁은 공간에서 키운다. 이러한 사육방식은 몸을 움직이고 싶어 하는 소나 닭의 본능을 억압하는 것이다.

동물과 인간의 근본적인 차이

그렇다면 인간은 어떠한가? 인간도 본능에 따라 살 때 건강하고 자유로운가? 최근 철학계에서 각광받고 있는 진화론적인 철학에서는 인간과 다른 동물들 사이에 본질적인 차이가 없다고 본다. 인간의 삶 또한 동물과 마찬가지로 생존과 종족 번식에 대한 욕망에 의해서 규정된다는 것이다. 진화론적인 철학에 따르면 인간이 문명생활을 하기 시작한 것은 5000년 전인 반면에, 인간과 침팬지가 진화의 여정에서 갈라진 것은 대략 600만 년 전이라고 한다. 600만 년이라는 시간을 1년으로 압축한다면, 인간이 문명생활을 한 시간은 365일 중 고작 2시간 정도다. 이러한 사실로부터 진화론적인 철학은 인간이 100퍼센트 동물이라고 결론을 내린다. 인간은 거의 600만 년의 시간 동안 동물과 동일하게 살아 왔기 때문에 동물의 본능이 여전히 인간을 철저하게 규정하고 있다는 것이다. 따라서 인간의 모든 행위는 동물의 모든 행위와 마찬가지로 생존과 종족 번식 욕망의 충족을 목표로 한다. 인간의 모든 행위는 수컷 공작이 암컷과 짝짓기를 하기 위해 화려한 꼬리를 활짝 펼치는 것과 다를 바 없다는 것이다.

이런 논리에 따르면, 바흐Johann Sebastian Bach가 〈마태수난곡St. Matthew Passion〉을 짓고 피카소Pablo Picasso가 〈게르니카

Guernica)를 그린 것도 궁극적으로는 여성을 유혹하기 위한 것이 될 것이다. 바흐나 피카소의 창작활동에 성적인 요인이 영향을 미칠 수는 있겠지만, 그들의 창작활동이 성적인 요인으로 온전하게 설명될 수는 없다. 그들의 창작활동이 궁극적으로는 이성을 유혹하기 위한 것이었다면 바흐가 악보에 음표를 그리는 것이나 카사노바가 유부녀를 유혹하기 위해 수작을 부리는 것이나 아무런 차이가 없어진다. 더 나아가 다른 인간을 돕는 것도 이성異性의 환심을 사서 자신의 유전자를 번식시키기 위한 것이니, 그것이 갖는 도덕적 가치는 다른 종족을 정복하여 자신들의 씨를 대량으로 뿌리는 것과 동일하다. 그러나 이러한 주장은 진화론적인 철학을 주장하는 사람들도 제정신인 한 받아들이기는 어렵다.

또한 독신을 택한 종교인들의 사례는 진화론적인 철학으로 설명하기 어렵다. 진화론적 철학에 따르면, 예수와 붓다의 멋들어진 설교도 결국은 여성을 유혹하여 자신의 유전자를 남기기 위한 것이 될 것이다. 예수와 깨달음을 얻은 후의 붓다를 따르는 여성이 많이 있긴 했지만, 정작 예수와 붓다는 자신의 유전자를 남기는 데 관심이 없었다. 진화론적인 철학은 이러한 사실을 어떻게 설명할 수 있을까.

진화론에 입각한 글들을 보면 인간은 보이지 않고 동물밖에 보이지 않는 것 같다. 인간을 알려면 생물학이나 심리학 책보다 차라리 셰익스피어William Shakespeare나 도스토옙스키Fyodor Mikhailovich Dostoevskii의 책을 읽는 것이 더 낫다는 말은 바로 이러한 맥락에서 나온 것이다. 인간을 알기 위해서는 '인간에 대한 인문학적 탐구'가 필요한 것이다.

진화론적 철학에 반하여 프롬은 인간과 동물 사이에는 본질적인 차이가 존재한다고 본다. 프롬에 따르면, 인간에게만 내재된 고유한 특성으로 인해 인간은 동물과는 전혀 다른 세계에서 살게 되었으며, 동물에게서는 보기 힘든 행태를 보이게 된다.

식욕이나 성욕과 같은 본능적인 욕구만 해도 인간의 경우는 동물과 다르게 나타난다. 동물의 본능적인 욕구는 자연이 정한 일정한 한계 안에 머물러 있다. 동물은 배가 부르면 아무리 맛있게 보이는 음식이 앞에 있어도 먹지 않는다. 그러나 인간은 그렇지 않다. 인간은 과식할 수 있을 뿐아니라 단순히 배를 채우는 데 그치지 않고 더 맛있는 음식을 개발하려고 한다. 또한 동물은 순간의 욕망에 충실할 뿐 미래를 생각하지 않는다. 그러나 인간은 미래를 걱정하면서 장차 먹을 것이 부족해질 때를 대비하여 곡식이나 재산을 축적하고, 심지어는 더 많이 축적하기 위해 남의 것을 빼앗기도 한다.

인간에게 본능적인 욕구는 미래를 상상하고 준비하는 이성적인 사고능력에 의해서 침윤되어 있다. 따라서 인간의 경우에는 본능적인 욕구라 할지라도 자연이 부여한 조절 장치가 크게 약화되어 있다. 따라서 식욕이나 성욕 같은 가장 본능적인 욕망을 충족시키는 방식에서도 인간과 동물 사이에 본질적인 차이가 보인다.

동물이 자신의 본능적인 욕망을 충족시키는 방식은 극히 오랜 세월에 걸쳐 변하지 않는다. 어떤 종의 동물이 보이는 행동 방식은 변함없이 동일하게 나타난다. 이에 반해 인간의 행동 방식은 시대나 지역마다 다르다. 인간이 성욕과 식욕 같은 본능적인 욕망을 충족시키는 방식도 시대나 지역마다 다르게 나타난다. 어떤 지역은 곡물을 주식으로 하는 반면, 어떤 지역은 육류를 주식으로 하며, 식사 예절이나 성 풍습도 시대나 지역마다 다른 모습을 보인다.

동물의 삶은 본능이라는 메커니즘에 의해 철저하게 규

정된다. 이러한 본능은 자연에 의해 주어졌다는 점에서 자연으로부터 '주어진다'고 할 수 있다. 그러나 이 경우 본능은 동물에게 구속이 아니라 자연이 선사한 적응 능력이다. 이에 반해 인간에게는 자연에 대한 본능적 적응 능력이 결여되어 있다. 인간에게는 추위를 막아 주는 털이 없으며, 하늘을 날 수 있는 날개도 없고, 두더지처럼 땅을 파고 들어갈 수 있는 발톱도 없다. 이러한 사실을 고려해볼 때, 인간은 생리학적인 측면에서는 가장 연약한 존재이며 생존하기에 가장 불리한 존재다. 따라서 인간은 자신의 삶을 주체적으로 형성하지 않으면 안 된다. 인간이 이렇게 자신의 삶을 주체적으로 형성할 수 있는 능력을 보통 '이성'이라고 부른다.

프롬의 이러한 견해는 인간을 결핍동물Mangelwesen로 보는 겔렌A. Gehlen의 견해를 수용하고 있다. 그러나 프롬은 이성의 본질을 겔렌과는 근본적으로 다르게 본다. 겔렌은 진화론적인 입장에 서서 인간의 이성이나 이성에 입각한 문화나 제도는 인간이 결여하고 있는 자연에 대한 본능적인 적응 능력을 보완하는 것으로 보았다. 이에 반해 프롬은 이성은 인간의 생물학적인 불완전성을 단순히 보완하는 것을 넘어서 존재자들과의 교감이나 합일을 지향하는 독자적인 성향과 능력을 가지고 있다고 본다.

인간은 생각하는 능력인 이성이 주어진 대신에 본능이 크게 약화되었다. 따라서 인간은 이성의 힘으로 자신의 삶을 스스로 형성해나가야 한다. 인간의 삶 역시 자연을 바탕으로 하여 이루어지기는 하지만, 인간은 자연을 변형하면서 자신의 삶을 형성한다. 인간이 거주하는 세계는 그의 행동양식이 자연에 의해서 이미 정해져 있는 필연성의 세계가 아니라 가능성의 세계다. 인간은 이런 의미에서 자연에 구속되어 있으면서도 자연을 초월하는 존재다.

인간이란 어떤 존재인가

프롬은 이렇게 인간과 동물 사이에 근본적인 차이가 있다고 보지만, 그렇다고 해서 인간이 동물보다 우월하다고 보지는 않는다. 동물의 삶은 인간이 도저히 흉내 낼 수 없는 독특한 것이다. 지렁이는 시궁창에서 잘 산다. 이러한 삶은 인간이 도저히 해낼 수 없는 삶이다. 시궁창에서 아무런 문제없이 잘 사는 것을 기준으로 하자면, 인간은 지렁이를 아무리 해도 따라잡을 수 없으며, 지렁이는 인간보다 무한히 우월하다.

무엇을 기준으로 삼느냐에 따라 동물이 우월한지 인간이 우월한지는 달라진다. 맨눈으로 먼 곳을 보는 능력은 인간이 독수리를 결코 따라갈 수 없다. 따라서 동물과 인간 중 무엇이 우월한가에 대한 논의는 유치하기 짝이 없다. 동물과 인간의 차이에 대해서 말할 수 있을 뿐이다.

인간과 지렁이는 동일한 세계 안에서 사는 것 같지만 사실은 완전히 다른 세계에 살고 있다. 지렁이가 사는 시궁창의 세계 안에서 인간은 도저히 살 수 없다. 인간은 지렁이와는 완전히 다른 세계에서 살아야 한다. 지렁이뿐 아니라 각각의 동물 종 역시 저마다의 고유한 세계 안에서 산다. 나비가 사는 세계는 지렁이가 사는 세계와는 다르다. 이러한 세계는 자연에 의해서 각각의 동물 종에게 주어진 세계다. 그러나 인간이 사는 세계는 일반 동물이 사는 세계와는 전적으로 다르다. 동물은 본능에 의해서 구조화된 세계에서 사는 반면, 인간은 시대마다 다른 세계이해로 구조화된 세계에서 산다.

인간은 가장 오랫동안 신화적인 세계이해로 구성된 세계 속에서 살아왔다. 이러한 신화적인 세계이해는 과학시

대라는 오늘날에도 여전히 강력한 힘을 갖고 있다. 오늘날에도 그리스도교인과 무슬림은 세계를 창조한 인격신의 존재를 믿고 있다. 신화적인 세계이해에 사로잡힌 사람들에게는 눈에 보이지 않는 신이야말로 진정한 실재다. 오늘날의 그리스도교인이 여호와 신을 가장 참된 실재로 믿듯이, 고대 그리스인도 제우스 신을 허구적인 상상물이 아니라 가장 참된 실재로 생각했다. 오늘날 그리스도교인이 여호와 신에게 기도하듯이, 그리스인은 제우스 신에게 기도를 바쳤다.

물론 오늘날 사람들의 삶을 가장 강력하게 규정하고 있는 것은 과학적인 세계이해다. 전통적인 종교를 신봉하는 사람들도 병에 걸리면 의사를 찾아가고, 병이 나았을 경우 기도의 힘보다는 의사가 준 약이 병을 치료했다고 생각한다. 인간은 이렇게 시대마다 다른 세계이해로 구성된 세계에서 산다.

자연이 부과한 본능에 따라 산다는 점에서 우리는 동물을 자연적 존재라고 부를 수 있다. 이에 반해 인간은 역사적으로 구성된 세계이해에 따라 산다는 점에서 역사적 존재라고 부를 수 있다. 그런데 인간은 집단으로서뿐 아니라 개인으로서도 역사적 존재다. 누구나 자신만의 역사를 갖는다. 인간 각자는 자신의 삶을 자신의 이성과 상상력에 따라서 형성해나가야 한다. 이렇게 인간의 삶은 각자가 자신의 삶을 개척해나가야 하는 삶이기에 다른 사람들과 구별되는 자기를 의식하면서 '나'라고 말한다.

인간 개개인이 자신의 삶을 스스로 형성한다는 사태와 인간이 본능에 의해서 제약되지 않은 열린 세계에서 산다는 사태는 불가분하게 결합되어 있다. 동물은 목전의 현실에 사로잡혀 있지만, 인간은 자신의 탄생과 죽음을 생각할 수 있을 정도로 과거와 미래에 열려 있다. 인간에게 미래는 가능성으로 가득 차 있다. 과거 역시 과거의 사건을 바꿀 수는 없지만, 우리는 과거의 사건을 얼마든지 다르게 해석할 수 있다. 예를 들어 우리는 자신이 흙수저로 태어난 것을 불행으로 여길 수도 있지만, 자신을 더욱 강하고 원숙한 인간으로 만들기 위한 축복이라고도 생각할 수 있다. 또한 인간은 무한히 펼쳐져 있는 공간을 상상하면서 파스칼Blaise Pascal이 말하듯, 무한한 공간의 침묵 앞에서 전율할 수도 있다.

세 가지 부정적 감정과
세 가지 실존적 욕망

"어떻게 살 것인가" – 인간에게만 특유한 욕망

철학자 중에서는 인간이 자신의 삶을 자유롭게 형성한다는 생각을 환상이라고 보는 사상가들도 있다. 스피노자와 쇼펜하우어가 그런 철학자다. 그들은 우주라는 대자연에 비하면 인간은 티끌에 불과한 존재라고 본다. 특히 쇼펜하우어는 대자연을 바다에, 인간 개개인은 바닷속의 물방울 하나에 비유한다. 물방울이 어떤 형태를 갖고 어떻게 움직이냐는 스스로 결정할 수 있는 것이 아니라 바다의 거대한 움직임에 의해서 이미 정해져 있다. 따라서 스피노자와 쇼펜하우어는 우리가 어떤 행위를 자유의지에 따라서 했다고 생각하더라도 사실 우리는 그러한 행위를 하도록 이미 정해져 있었다고 말한다.

이들의 말이 옳을 수도 있을 것이다. 그러나 동물과 인간의 삶을 비교해볼 때 동물이 극히 오랜 기간 동일한 행태를 보여 온 반면, 인간의 행태는 역사적으로 변해왔다는 사실을 부정할 수 없다. 또한 과학이나 기술 발전에서 보듯이 끊임없는 지식의 축적은 인간이 의식적으로 노력하지 않았다면 불가능했을 것이다.

철학적인 사변이야 어떻든, 우리 인간은 자신의 삶은 스스로 형성해나가야 한다고 느끼며, 필경 스피노자나 쇼펜하우어도 그렇게 느꼈을 것이다. 이렇게 자신의 삶을 스스로 형성할 수 있다는 점에서 인간은 자신의 삶을 희망에 가득 찬 것으로 느낄 수도 있지만, '고독감'과 함께 '무력감'을 느낄 수도 있다. 인간은 많은 선택 가능성 중에서 결국은 하나를 선택해야 하며, 그러한 선택에 대해서 결국은 홀로 책임져야 한다. 이러한 상황에서 우리 인간은 고독감을 느끼게 된다. 그리고 우리는 자신의 선택이 어떤 결과를 가져올지 정확히 예측할 수 없으며, 이 세계는 자신이 원하는 대로 존재하지 않는다는 사실 앞에서 무력감을 느끼게 된다.

이러한 고독감과 무력감은 무엇보다도 죽음을 의식할

때 가장 첨예해진다. 인간은 죽음이 목전에 닥쳐 있지 않아도 죽음을 생각하면서 죽음 앞에서 자신이 철저하게 무력하다는 사실을 의식한다. 또한 자신의 죽음은 다른 누구도 대신해줄 수 없고 자신이 홀로 짊어져야 한다는 점 역시 의식한다. 더 나아가 우리는 죽음을 생각하면서 우리 인생은 그 모든 노고에도 불구하고, 결국은 죽음으로 끝나는 허망한 것이라고 생각하면서 '허무감'에 빠질 수 있다.

인간의 삶은, 약화된 본능 대신에 이성과 상상력을 갖기 때문에 사로잡힐 수 있는 '고독감'과 '무력감' 그리고 '허무감' 같은 부정적인 감정에서 벗어나려는 몸부림이다. 우리는 자신의 삶을 고독감과 무력감 그리고 허무감 대신에 연대감과 활기와 의미로 충만하게 만들고 싶어 한다. 이 점에서 프롬은 인간의 삶을 근본적으로 규정하는 것은 식욕이나 성욕과 같은 본능적인 욕망뿐 아니라 인간에게만 특유한 욕망들이라고 본다. 프롬은 그러한 욕망으로 첫째 고독감에서 벗어나기 위해 결합과 합일을 원하는 욕망, 둘째 무력감에서 벗어나 자신의 힘을 느끼고 싶어 하는 초월과 창조에의 욕망, 셋째 허무감에서 벗어나기 위해 자신의 삶에 숭고한 의미와 방향 그리고 목표를 부여하는 지향체계와

인간의 세 가지 욕망

헌신의 대상을 구하는 욕망을 들고 있다.

이러한 욕망은 본능이 약화된 대신 이성을 갖게 된 인간이 처하게 되는 독특한 실존적 상황에서 비롯된다는 점에서 실존적 욕망이라고 부를 수 있다. 이 경우 '실존'은 하이데거가 말하는 것처럼 인간에게 고유한 삶의 방식을 가리킨다. 하이데거에 따르면, 인간은 '자기 자신의 존재를 문제 삼는 존재'다. '자기 자신의 존재를 문제 삼는 존재'라는 말은 어떻게 살 것인지 고뇌하는 존재라는 의미다.

동물은 자신이 어떻게 살 것인지 고뇌하지 않는다. 동물은 본능에 따라 살 뿐이다. 그러나 이성과 상상력에 의해서 자신의 삶을 형성해나가야만 하는 인간은 어떻게 살아야 하는지를 두고 고뇌한다. 따라서 인간이 처한 실존적 상황이란 자신의 삶을 '탄생 이전의 무'와 '죽음 이후의 무'에

내걸려 있는 것으로 느끼면서 언제든지 자신의 존재에 침투할 수 있는 무의 힘으로부터 어떻게 벗어날 수 있는지 고뇌할 수밖에 없는 상황을 가리킨다.

실존적 욕망은 이성적이면서도 건강한 방식으로 실현될 수 있지만, 많은 경우 비이성적이고 병적인 방식으로 실현되기도 한다.

결합과 합일을 구하는 욕망

고독감에서 벗어나기 위해 결합과 합일을 구하는 욕망은 술이나 마약 등을 통해서 의식을 마비시키거나, 어떤 특정한 종교집단이나 정치적인 집단에 자신을 예속시키는 방식으로 실현된다. 마약이나 알코올에 의한 도취적 합일에서 이루어지는 합일은 일시적인 것에 지나지 않는다. 또한 그것은 인간의 이성적인 능력을 마비시키는 등 우리의 몸과 마음을 병들게 한다.

고독감에서 벗어나기 위해 사람들이 실질적으로 가장 많이 시도하는 방법은 어떤 특정한 집단과 그것이 따르는 관습이나 신조에 자신을 예속시키는 것이다. 이러한 집단은 혈연사회나 지연사회일 수도 있고 국가나 종교공동체일 수도 있다. 그러나 이렇게 집단에 예속됨으로써 이루어지는 합일은 합일의 느낌은 줄 수 있지만, 자신의 상실을 초래한다는 점에서 사이비 합일에 지나지 않는다. 또한 이렇게 집단에 자신을 예속시키면서 합일을 획득하는 방식은 그 집단을 절대시하면서 다른 집단을 무시하고 지배하려는 태도를 낳으며, 이와 함께 집단들 간의 갈등과 투쟁을 야기한다.

프롬은 우리가 고독감을 극복하면서 참된 결합과 합일을 실현할 수 있는 유일한 길은 '사랑'이라고 말하고 있다. 참된 사랑은 첫째로 사랑하는 자의 생명과 성장에 대한 '적극적인 관심'과 보살핌으로 나타난다. 이러한 관심과 보살핌에는 사랑의 두 번째 요소인 '책임'이 포함되어 있다. 책임은 다른 인간의 잘잘못을 함께 책임지려는 것이다. 사랑은 맹세나 감정만으로는 부족하며 보살피고 함께 책임을 지는 행동으로 입증되어야 한다. 사랑의 세 번째 요소는 '존경'이다. 상대에 대한 존경심을 결여할 경우, 상대방에 대해서 책임지려는 태도는 상대방을 지배하고 소유하는 태도로 타락하기 쉽다. 특히 자녀들에 대한 부모의 사랑은 자신의 소망을 자식에게 강요하는 것이 되기 쉽다.

존경한다는 것은 상대방의 독특한 개성을 통찰하고 존중하는 것이다. 그렇다고 해서 상대방의 뜻을 다 받아주는 것은 아니다. 존경은 상대방이 독립적이고 주체적인 인격으로 성장하고 발달하기를 바라는 관심이기에, 그것은 상대방에 대한 애정뿐 아니라 상대방의 장단점을 통찰할 수 있는 지혜를 요구한다. 그것은 상대방의 왜곡된 심성과 그 원인까지 통찰하고 상대방이 그 왜곡된 심성에서 벗어나도록 도와주는 것이다.

그러나 이러한 사랑을 구현하기 위해서는 끊임없이 자신을 반성하고 훈련하는 것이 필요하다. 사랑은 수동적 감정이 아니라 능동적인 활동이다. 사랑은 주는 것이지만 이렇게 준다고 해서 주는 사람이 가난해지는 것이 아니라 더욱 풍요롭게 된다. 사랑은 자신의 잠재적 능력을 최고로 표현하고 실현하는 것이기 때문이다. 이 경우 준다는 것은 단순히 물질뿐 아니라 자신의 가장 귀중한 것, 자신의 생명과 기쁨, 지식 등을 주는 것이다. 사랑을 주는 사람은 자신의 힘과 풍요로움을 경험하면서 그것을 나누는 데서 큰 환희를 느낀다. 이 경우 주는 것은 박탈당하는 것이 아니라 자신의 잠재적인 능력을 능동적으로 실현하는 것이기 때문에 받는 것보다 주는 것이 더 즐겁다.

프롬은 사랑이야말로 가장 성스러운 것이며, 이러한 사랑을 구현할 때만 인간은 자신의 삶을 의미 있고 보람 있는 것으로 경험할 수 있다고 본다. 삶의 의미는 어떤 정교한 종교적인 교리나 정치적 이데올로기를 통해 주어지지 않는다. 프롬의 평전을 쓴 로런스 프리드먼은 프롬의 사상이 결국 예수와 붓다처럼 사랑을 설파하는 것으로 시작하고 끝난다는 점에서 그를 '사랑의 예언자'라고 불렀다. 프롬은 "인간 실존의 모든 문제에 대한 해답은 바로 사랑이다"라고 말했다.

초월과 창조를 향한 욕망

초월과 창조를 향한 욕망은 니체가 말하는 '힘에의 의지'에 해당한다고 할 수 있다. 힘에의 의지란 자신이 무력한 존재가 아니라 강하고 고귀한 존재라고 느끼고 싶어 하는 욕망이며, 그렇게 강하고 고귀한 인간으로 자신을 육성하려는 욕망이다. 그러나 초월과 창조를 향한 욕망 역시 결합과 합일을 향한 욕망과 마찬가지로 많은 경우 비이성적이고 병적으로 실현된다. 즉 그것은 자신의 명성을 드높이려는 욕망이나 다른 사람들을 지배하려는 욕망 혹은 재물에 대한 탐욕으로 나타난다. 그것이 가장 병적이고 비열한 방식으로 실현되는 경우는 자신보다 약한 인간들을 따돌리고 괴롭히거나 사회적으로 불리한 처지에 있는 사람들에게 갑질하는 형태로 나타날 때다.

그러한 욕망이 이성적이고 건강한 방식으로 실현될 경우, 그것은 다른 인간들이나 사물들을 자신의 생존이나 강화를 위한 수단으로 삼지 않고 오히려 그것들이 자신의 고유한 본질을 실현하도록 돕는 형태로 나타난다. 우리는 다른 사람들을 도울 때 자신이 그렇게 타인을 도울 수 있는 힘을 갖고 있다는 사실에서 뿌듯함을 느낀다. 그러나 이러한 도움은 상대방이 스스로 독립할 수 있는 능력을 갖도록 돕는 것을 의미한다. 이러한 도움을 니체는 우정이라고 불렀다.

또한 그것은 보고 듣고 생각하고 느끼는 우리의 능력을 정화함으로써 세계를 보다 풍요로운 방식으로 보고 듣고 생각하고 느끼게 하는 욕망으로 나타난다. 즉 그것은 세계를 단순히 자신의 생존을 확보하기 위한 장으로 보는 것을 넘어서 아름다움과 깊은 의미로 충만한 세계로 경험하려는 욕망으로 나타나는 것이다. 이러한 욕망은 근본적으로 오직 인간에게만 특유한 욕망이며, 세계와의 승화된 관계를 통해서 자신의 고귀한 존재를 확인하려는 욕망이다. 다시 말해서 단순히 생존을 위해 노동하는 것을 넘어서 세계와 창조적인 관계를 맺으려는 욕망이다.

생존을 위한 수단으로서의 활동이 아니라 그 자체가 목적인 활동을 우리는 보통 유희라고 부르는데, 이러한 의미의 유희는 예술 행위뿐 아니라 종교적인 행위까지도 포함한다. 그리고 단순히 생존을 위한 것이 아니라 인간이 자신의 창조적 능력을 표현하려는 경우에는 노동까지도 유희에 포함한다. 우리가 이러한 의미의 유희에 몰입할 때 세계는 우리에게 무력감을 느끼게 하는 낯선 세계가 아니라 흥미롭고 경이로운 세계로 나타난다.

지향체계와 헌신의 대상에 대한 욕망

지향체계와 헌신의 대상에 대한 욕망 역시 많은 경우 어떤 특정한 정치적 이데올로기나 종교적 교리에 대한 광적인 집착을 통해서 실현된다. 이러한 정치적 이데올로기나 종교적 교리는 그것에 대한 어떠한 비판도 허용하지 않고 맹목적인 복종만을 요구하는 권위주의적 성격을 갖는다. 따라서 인간은 그러한 지향체계를 신봉할수록 비판적인 이성을 상실하게 되며 다른 지향체계와 이것을 신봉하는 자들을 극단적으로 배척하게 된다. 이에 반해 지향체계에 대한 욕망을 이성적이고 건강한 형태로 충족시키는 종교나 철학은 어떤 특정한 교리보다 다른 인간들과 사물들에 대해서 지혜롭게 사랑을 실천하는 삶의 태도를 더 중시한다.

이 경우 지향체계란 한갓 머릿속에 머무르는 관념체계에 그쳐서는 안 된다. 만약 인간이 육체를 소유하지 않고 순수하게 지성만을 가지고 있다면 하나의 포괄적인 관념체계에 지나지 않는 지향의 틀만으로도 충분할지 모른다. 그러나 인간이 정신과 아울러 육체를 갖는 존재인 한, 사고뿐 아니라 감정과 욕망 그리고 행동의 차원에서도 인간을 강력하게 사로잡을 수 있는 지향의 틀이 필요하다. 이렇게 사고뿐 아니라 인간의 존재 전체를 사로잡는 지향의 틀은 보통 절대적이고 무한한 존재를 중심축으로 갖는다. 이는 인간은 삶의 무상함과 무력함을 의식하면서 자신의 삶이 영원성과 무한한 힘을 갖기를 바라기 때문이다. 인간은 절대적이고 무한한 존재에 귀의함으로써 영원성과 아울러 그 어떤 상황에서도 흔들리지 않는 충만한 힘을 가지려고 하는 것이다.

따라서 인간의 존재 전체를 사로잡는 모든 지향체계는 이러한 절대적이고 무한한 존재를 체계의 중심에 가지며 이러한 존재에 대한 헌신을 요구한다. 이러한 헌신의 대상은 인간의 모든 욕망과 에너지를 하나의 방향으로 통합하고, 그것에 절대적인 확실성을 부여함으로써 인간을 모든 종류의 의심과 불안에서 해방시킨다.

인간에게 그 자신이 헌신할 대상을 지시하는 지향체계는 세계 안에서 인간이 갖는 지위와 삶의 목표와 방향에 대한 이해를 제공해야만 한다. 세계 전체에 대한 이러한 이해를 마련해주는 것은 보통 종교였다. 이 경우 프롬은 종교라는 단어를 극히 넓은 의미로 사용하고 있으며, 그것은 '집단이 공유하는 사상과 행위의 체계로서 개인에게 삶의 목표와 방향을 제공하는 모든 것'을 가리킨다. 이런 의미에서 종교는 인간과 문화가 존재하는 모든 곳에 존재하며, 심지어 무신론이 지배하는 곳에도 존재한다. 사람들은 동물이나 나무, 씨족이나 부족, 민족이나 인종 그리고 프롤레타리아와 같은 어떤 특정한 계급, 눈에 보이지 않는 신, 고상한 인물, 히틀러나 스탈린 같은 악마와 같은 지도자들, 돈이나 성공과 같은 세속적인 가치들을 헌신의 대상으로서 숭배하는 것이다. 이러한 대상은 인간의 독립과 성장을 돕는 존재일 수도 있는 반면에, 인간을 예속하고 그의 성장을 막는 우상일 수도 있다.

권위주의적 종교와 인본주의적 종교

이와 관련하여 프롬은 종교를 권위주의적 종교와 인본주의적 종교로 대별하고 있다. 권위주의적 종교란 이성과 사랑과 같은 인간의 본질적 능력을 성숙시킬 것을 요구하지 않고, 특정한 교리를 맹목적으로 믿고 갖가지 예식을 무조건적으로 따를 것을 강요하는 종교다. 권위주의적 종교에서 신은 전지전능한 존재로 간주되는 반면, 인간은 무력하고 천한 존재로 간주된다. 여기서 신은 이성과 사랑의 상징이기보다는 자의적인 권력과 힘의 상징이다. 나치즘이나 스탈린주의와 같은 권위주의적인 세속종교도 권위주의적인 종교와 같은 원리를 따른다. 여기에서는 영도자나 '인민의 아버지' 또는 국가나 민족 등이 예배의 대상이 된다. 독립적인 이성에 따른 개인의 삶은 무의미한 것으로 간주되고, 인간의 가치는 신적인 권위에 맹목적으로 복종하는 데서 찾아진다.

또한 권위주의적 종교는 인간의 현실적인 삶과는 전혀 관계없는 추상적이고 동떨어진 이상을 요구한다. '천국'이라든가 '모든 계급 갈등이 사라진 유토피아'와 같은 이상 때문에 지금 여기 살고 있는 사람들의 삶과 행복이 희생의 제물이 된다. 이러한 목적이 온갖 비인간적인 수단을 정당화하고 종교적이거나 세속적인 '엘리트들'이 동료 인간들의 삶을 좌우하게 한다.

지향체계와 헌신의 대상을 구하는 욕망에서 인간이 궁극적으로 추구하는 것은 무력감과 불안의 해소이지 진리의 발견이 아니다. 따라서 우리 인간은 불합리하기 그지없는 정치적인 교리나 종교적인 교리에 너무나 쉽게 빠지게 된다. 그러한 교리를 신봉하지 않는 사람들의 눈으로 보면 황당하기 짝이 없는 이론체계에 불과한데도, 그것은 그것을 신봉하는 사람들을 철저하게 사로잡는다.

권위주의적 종교와는 정반대로 인본주의적 종교는 인간과 인간의 힘 그리고 인간이 이상으로 여기는 가치인 이성과 사랑 그리고 정의를 중심으로 삼는다. 인본주의적 종교에서 미덕은 복종이 아니라 자기실현에 있다. 권위주의적 종교에서는 신적인 권위에 대한 자신의 복종이 철저하지 못한 것에 대한 불안과 죄의식이 지배하는 반면, 인본주의적 종교에서는 기쁨이 지배한다.

인본주의적 종교에서 신은 다양한 현상의 배후에 존재하는 통일적인 근원이자 원리에 대한 상징이며 인간의 내면에 존재하는 신적인 가능성에 대한 상징이다. 인본주의적 종교가 유신론적인 경우에도 신은 인간이 실현하려고 하는 '인간 자신의 힘'의 상징이며, '인간을 압제하는 힘'을 지닌 권력의 상징이 아니다. 신은 진리, 사랑, 정의처럼 인간이 추구하는 미덕을 상징하며, 인간이 이러한 미덕을 구현하면 할수록 그는 신에게 가까워지며 신적으로 된다. 따라서 신을 사랑한다는 것은 신의 원리인 사랑과 정의 그리고 진리를 구현하는 것이다. 프롬은 이 점에서 유신론적인 기독교와 불교와 도교 그리고 유교 등의 비유신론적 관점은 서로 다르기는 하지만 서로 싸울 필요가 없다고 본다.

프롬에게 있어서 중요한 것은 교리체계상의 차이가 아니라, 그러한 교리체계의 근저에 존재하는 인간의 태도이며, 그것이 인간의 생산적인 힘을 증대시키느냐 아니냐에

권위주의적 종교	인본주의적 종교
신=전제군주	신=사랑과 지혜의 완전한 구현자
교리와 예식에 대한 무조건적 복종	신을 본받으려 노력함
복을 얻기 위해 신을 이용(기복신앙)	신을 본받는 삶 자체에서 행복을 느낌

있다. 이런 의미에서 프롬은 프로이트나 마르크스를 종교
의 적으로 보는 통상적인 견해에 대해서 이의를 제기한다.
마르크스와 프로이트의 이상은 실질적으로 붓다와 예수
같은 고등 종교 창시자들의 이상과 다를 바가 없다는 것이
다. 마르크스와 프로이트는 인간 발전의 목적이 이성, 인간
애, 고통의 감소, 독립 및 책임의 성취에 있다고 생각한다.
이러한 것은 예수, 붓다, 공자, 노자 및 구약성서 예언자들
의 가르침의 이상과 동일한 것이다. 마르크스와 프로이트
는 종교의 이러한 윤리적 핵심에 대해서 반대하지 않는다.
이 점에서 그들은 오히려 '종교적'이다. 그들이 비판하는
것은 그러한 윤리적 목표의 실현을 저지하려는 종교들이
지닌 유신론적, 초자연적 측면이다.

프롬은 불교는 교리상으로 철저하게 인본주의적인 성

격을 갖는 반면에, 기독교의 교리에는 권위주의적 요소와 인본주의적 요소가 동시에 존재한다고 보았다. 불교는 특정한 신이나 교리를 믿거나 특정한 예식에 따를 것을 요구하지 않는다. 자등명 법등명(自燈明 法燈明), 즉 '자기 자신을 등불로 삼고 법(진리)을 등불로 삼으라'라는 불교의 가르침에서 보듯이, 불교는 스스로의 수행을 통해 진리를 깨닫고 지혜와 자비의 덕을 구현할 것을 요구한다.

이에 반해 기독교의 교리에는 권위주의적 요소와 인본주의적 요소가 함께 존재한다. 예를 들어 기독교는 '예수가 하느님의 독생자로 인간을 원죄로부터 구원하기 위해 왔다'는 교리를 믿으라고 요구하면서 이러한 교리를 믿지 않는 자는 지옥에 떨어질 것이라고 주장한다. 일본에서 쓰나미가 일어났을 때 우리나라의 유명 목사 중 한 명이 일본은 기독교가 아닌 신도나 불교를 믿어서 하느님이 벌을 내렸다고 주장한 것도 이러한 교리에 의한 것이다.

다른 한편으로 기독교는 하느님을 무조건적인 사랑의 하느님이라고 주장한다. 그러나 무조건적인 사랑의 하느님은 자신을 믿지 않는다는 이유로 사람들을 영원한 지옥불 속에서 고통받게 하거나 쓰나미를 일으켜 징벌하지 않는다. 무조건적인 사랑의 하느님은 자신을 이렇게 잔인한 존재로 만드는 것을 오히려 자신에 대한 모욕이자 자신을 악마로 전락시키는 것으로 간주할 것이다. 따라서 기독교를 인본주의적으로 믿는 사람들은 특정한 교리를 맹신하는 것이 아니라 하느님의 무조건적인 사랑을 본받고 실천해야만 신에게 가까이 다가갈 수 있다고 여긴다.

실로 '예수가 하느님의 독생자로 인간을 원죄로부터 구원하기 위해 왔다'는 교리를 맹신한다고 해서 인간의 지혜나 사랑과 같은 능력이 성숙해지는 것은 아니다. 오히려 사람들은 목사나 신부와 같은 성직자들의 말에 무조건 복종하는 무비판적인 인간이 되며, 다른 종교를 사탄의 종교로 배척하는 편협하고 오만한 인간으로 타락하게 된다.

종교적 신비체험의 본질

프롬은 마르크스나 프로이트도 넓은 의미에서 인본주의적 종교에 속한다고 보지만, 그렇다고 해서 윤리와 종교를 동일시하지는 않는다. 프롬은 진정한 의미에서 종교적인 체험이 존재한다고 보며, 이것을 신비체험이라고 부른다. 그러나 마르크스나 프로이트는 이러한 체험이 갖는 독자적인 의미를 부정한다는 점에서 엄밀하게 말해 종교적인 인간이라고 부르기는 어려워 보인다.

신비체험에서 신은 사랑으로 충만한 근원적인 힘으로 나타난다. 신비체험에서 인간은 자신의 내면에서 이러한 근원적인 힘을 경험하면서 전체^{the All}와 합일을 경험하게 된다. 그러나 이러한 체험이 인간을 비이성적인 황홀경에 빠뜨리지는 않는다. 오히려 이러한 체험에서 인간은 우주와 하나가 되면서도 통찰력은 극도로 강화된다. 이러한 상태를 불교에서는 성성적적惺惺寂寂의 상태로 묘사했다. 즉 의식이 완전히 깨어 있으면서도 고요한 평안이 지배하는 상태다. 따라서 종교적 신비체험은 알코올이나 마약 등에 의한 현실도피와는 전적으로 다른 것이다.

프롬은 종교적인 신비체험에서는 서로 모순된 경험이 결합되어 있다고 본다. 그것은 한편으로 인간이 자신의 신적인 본질을 깨닫고 자신에 대해서 무한한 자긍심을 느끼는 체험이다. 그러나 다른 한편으로는 자신의 개별적인 자아를 우주라는 베 안의 한 올의 실에 지나지 않는다고 느끼는 겸손의 경험이기도 하다. 그것은 우리의 독특하고 개별화된 자아를 무한한 생명이 나타난 다양한 양상 중의 하나로서 경험한다. 즉 그것은 마치 대양의 물방울이 다른 물방울과 별개의 것이면서도 그것들과 동일한 것과 마찬가지다. 이들 물방울은 모두 대양의 개별화된 양상인 것이다.

이렇게 모순된 경험들의 긴장된 일치 때문에 종교적 체험에서는 명징한 의식과 아울러 자신이 우주와 하나가 되어 있다는 안정과 평화가 동시에 존재한다. 따라서 프롬은 이러한 신비체험을 비합리적인 종교체험으로 보는 일반적인 견해와 달리, 신비체험이 고도의 합리성을 갖는다고 말하고 있다.

프롬은 이러한 신비체험이야말로 우리에게 뿌리 깊게 존재하는 이기주의가 완전히 극복된 상태라고 본다. 이러한 상태에서 인간은 폐쇄적이고 이기주의적인 자아를 부수고 가장 포괄적인 존재의 지평으로 나아간다. 그리고 이러한 지평에서 모든 사물이 자신들의 고유한 성스러운 존재를 드러내 보이는 경험을 하게 된다.

우리는 흔히 사물을 있는 그대로 보지 않고 우리의 협소한 이기적인 이해 관심의 틀 속에서 본다. 우리에게 잘해주는 사람은 선하고 아름답다고 생각하고, 그렇지 않은 사람은 악하고 추하다고 생각하는 것이다. 신비체험은 이러한 편협한 틀을 부수고 모든 사물이 자신의 고유한 존재를 드러내는 최대의 열린 지평으로 진입하는 사건이다. 이러한 의미에서 프롬은 신이란 단어는 우리가 자기중심적인 자아라는 감옥에서 벗어나 자신의 문을 활짝 열어놓고 세계와 하나되는 자유의 경지에 대한 시적인 상징이라고 말하고 있다.

프롬은 신비체험이 불교와 그리스도교적인 신비주의와 유대교적 신비주의 그리고 스피노자의 범신론을 규정하는 근본체험이라고 말하고 있다.

소유냐 존재냐

실존적인 욕망과 얽혀 있는 생리적인 욕망

결합에의 욕망과 초월과 창조를 향한 욕망 그리고 지향의
틀과 헌신할 대상에 대한 욕망은 인간 자신이 고독하고 무
력하게 낯선 세계에 던져져 있다고 느끼면서 어떻게 살 것
이냐를 고뇌하는 실존적인 존재로서 갖게 되는 욕망이다.
따라서 우리는 그러한 욕망을 식욕이나 성욕과 같은 생리
적인 욕망을 넘어서는 실존적 욕망이라고 불렀다. 그러나
그러한 욕망이 인간 존재가 갖는 실존적 성격에서 비롯되
는 욕망이라고 해서 생리적 욕망이 만족된 후에야 비로소
나타나는 것은 아니다. 아니, 인간의 경우에는 식욕이나 성
욕과 같은 생리적인 욕망마저도 실존적인 욕망과 긴밀하

게 얽혀 있으며 나름대로의 실존적인 성격을 띠고 있다고 까지 할 수 있다.

발정기가 되면 본능에 내몰려 교미하는 동물들과 달리, 인간에게 있어 사랑이 결부되지 않은 성행위는 씁쓸함을 남긴다. 식욕 역시 인간은 단순히 허기를 때우기 위한 욕망에서 그치지 않고 사물이 가지고 있는 독특한 성질을 맛보고 즐기려는 욕망과 결부되어 있다. 이러한 욕망은 초월과 창조의 욕망 중 하나라고 할 수 있다. 그리고 식사 행위는 인간 간의 결속과 합일을 매개하는 것이 된다. 단적으로 말해서 인간의 경우에는 식욕과 성욕 같은 생리적 욕망도 실존적 욕망과 긴밀하게 얽혀서 나타나는 것이다.

따라서 흔히 식욕과 성욕 같은 본능이 인간에게 가장 강한 본능이라고 이야기하지만, 실은 실존적 욕망이야말로 이러한 본능적인 욕망조차도 규정하는 가장 강한 욕망이다. 실제로 인간은 단순히 성적 만족을 얻을 수 없거나 굶주리고 있기 때문에 자살하지는 않는다. 사람들이 자살하는 이유는 고독감과 무력감 그리고 허무감을 도저히 견딜 수 없어서, 다시 말해 실존적 욕망이 충족되지 않았기 때문이다. 물론 생활고 때문에 자살하는 사람들도 있지만 이 경우에도 단순히 생활고 자체 때문에 자살한다기보다 그것이 초래하는 무력감과 고독감 그리고 열등의식 때문에 자살하는 것이다.

예를 들어 보자면, 한국전쟁 직후의 우리나라처럼 사람들 대부분이 가난에 시달릴 때에는 생활고로 자살하는 사람이 극히 드물었다. 이에 반해서 요즘처럼 많은 사람이 물질적인 풍요를 누리는 상황에서의 생활고는 단순한 생활고를 넘어서 열등의식과 무력감 그리고 고독감을 낳는다. 그래서 생활고를 계기로 자살을 하는 것이다.

생명지향적인 욕망과 파괴지향적인 욕망

결합과 합일에 대한 욕망과 초월과 창조를 향한 욕망 그리고 지향의 틀과 헌신할 대상에 대한 욕망이 긍정적인 형태로 나타날 경우에 그것은 사랑, 친절, 연대, 자유 그리고 진리를 구하려는 욕망으로 나타난다. 그러나 그것이 부정적인 형태로 나타날 경우에는 편협한 이기주의나 지배욕과 소유욕 혹은 광신적인 민족주의나 인종주의와 같은 이데올로기 또는 광신적인 종교에 예속된다. 그리고 그러한 욕망을 실현하는 긍정적인 방식은 보다 큰 힘, 기쁨, 자아의 통합, 활력을 낳는 반면에, 부정적인 방식은 생명력의 저하, 슬픔, 분열, 파괴를 낳는다. 단적으로 말해서 전자의 방식은 생명지향적인 성격을 갖는 반면에, 후자는 생명을 파괴하는 성격을 갖는다.

우리가 보통 악이라고 부르는 후자의 방식도 전자의 방식과 마찬가지로 인간에게만 특유한 욕망을 실현하는 하나의 방식일 뿐이다. 가장 잔인하고 파괴적인 자까지도 성자聖者와 동일한 욕망을 갖는 인간이지만, 그는 그러한 욕망을 실현하는 보다 나은 해답을 발견할 수 없었기에 비뚤어지고 병들게 된 인간이다. 이런 의미에서 악은 인간뿐 아니라 뭇 생명을 사랑하는 성스러움 못지않게 철저하게 인간적인 현상이다. 그것은 인간이 약화된 본능 대신에 이성을 갖고 있기 때문에 생기는 현상인 것이다.

따라서 인간의 복잡한 심리나 욕망은 식욕이나 성욕과 같은 본능적인 동인으로 환원하여 설명할 수 없다. 이런 의미에서 프롬은 동물의 행태로부터 인간의 행동을 설명하려는 진화론과 같은 시도나 성욕을 삶의 가장 근본적인 동인으로 보는 프로이트의 이론 그리고 인간을 단순히 환경에 수동적으로 반응하는 존재로 보는 행동주의behaviorism는 인간의 실상을 제대로 파악하지 못한다고 본다.

따라서 일부에서 흔히 주장하는 것처럼 인간에게 공격적인 본능이나 파괴적인 본능이 존재한다고 봄으로써 악의 존재를 설명하려는 것은 잘못이다. 프로이트만 해도 1차 세계대전을 경험하면서 인간에게는 성욕을 포함하여 생명을 보존하려는 삶의 본능인 에로스Eros 외에 죽음을 지향하고 파괴하려는 죽음의 본능인 타나토스Thanatos가 존재한다고 본다. 그런데 이렇게 인간의 공격성이나 파괴성을 본능이라고 본다면, 우리는 식욕이나 성욕과 마찬가지로 그것들을 제거할 수 없다. 이 경우 우리는 인간과 인류의 미래에 대해서 비관적인 전망을 가질 수밖에 없다. 그러나 프롬은 인간의 공격성과 파괴성은 실존적 욕망들이 생산적으로 구현되지 않을 때 생기는 왜곡된 현상이라고 본다. 따라서 그것은 실존적인 욕망이 생산적으로 실현될 때 제거된다. 이와 함께 프롬은 우리가 공격성과 파괴성에서 벗어난 건강한 인간과 건강한 사회를 실현할 수 있다고 본다.

플라톤 이래 서양의 전통철학에서는 이성과 욕망을 대립하는 것으로 보면서 이성을 통해서 욕망을 다스려야 한다고 보았다. 이에 반해 프롬은 우리 내부에는 생명지향적인 욕망과 파괴지향적인 욕망이 서로 갈등한다고 본다. 구체적으로 말해서, 우리에게는 다른 사람들이나 사물들과 진정한 의미의 사랑으로 결합하고 싶어 하는 욕망도 있지만, 다른 한편으로는 손쉽게 술과 마약에 의해서 결합하고 싶어 하는 욕망도 있는 것이다. 우리에게는 다양한 창조적인 활동을 통해서 자신의 힘을 즐기고 싶어 하는 욕망도 있지만, 다른 인간들이나 사물들을 지배하고 정복함으로써 자신의 힘을 확인하고 싶어 하는 욕망도 있다.

생명지향적인 욕망은 우리의 삶에 진정한 활력과 충만한 의미를 부여하기 때문에 우리는 그러한 욕망을 이성적인 욕망이라고 부를 수 있다. 이는 동물들이 자신의 본능에 따르는 것이 동물의 삶과 성장을 보장한다는 의미에서 이성적이라고 말할 수 있는 것과 마찬가지다. 이에 반해 파괴지향적인 욕망은 우리의 삶을 병들게 하고 공허 속에 남겨둔다는 의미에서 비이성적인 욕망이라고 부를 수 있다. 이런 의미에서 이성과 욕망이 우리 안에서 싸우는 것이 아니라 이성적인 욕망과 비이성적인 욕망이 서로 싸운다.

그런데 우리는 어떤 욕망이 이성적인 욕망이고 비이성적인 욕망인지 쉽게 알 수 없다. 나치즘이나 마르크스주의를 광신적으로 신봉하던 사람들은 자신이 철저하게 이성적인 사람이라고 믿었으며 오히려 다른 사람들을 비이성적이라고 믿었다. 따라서 우리가 비생산적인 욕망이 아니라 생산적인 욕망을 실현하기 위해서는 따뜻한 마음과 함께 냉철한 지혜가 필요하다.

프롬은 병적인 이성과 욕망에 입각한 병적인 실존을 소유지향적인 삶 내지 죽음지향적 삶Nekrophile이라고 부르는 반면에, 건전한 이성과 욕망에 입각한 건강한 실존을 존재지향적인 삶 또는 생명지향적 삶Biophile이라고 부르고 있다.

행복한 삶을 위한 조건

행복이란 무엇인가

실존적 욕망이 비이성적인 형태로 나타날 때, 즉 알코올이
나 마약에 대한 욕망 혹은 어떤 정치집단이나 종교집단에
자신을 예속시키고 싶어 하는 욕망, 타인을 지배하거나 타
인에게 지배받고 싶어 하는 욕망 등으로 나타날 때 우리는
그러한 욕망을 병적인 욕망이라고 부를 수 있을 것이다. 병
적인 욕망은 그러한 욕망에 사로잡힌 사람들이 사랑과 이
성과 같은 자신의 능동적인 잠재력을 실현하고 성숙시킴
으로써 삶의 문제를 해결하려 하지 않고, 외부의 것들에 의
존함으로써 해결하려고 한다는 점에서 공통점을 갖는다.
즉 그들은 알코올이나 마약과 같은 사물, 특정한 종교적인

집단이나 정치적 집단, 특정한 정치적 이데올로기나 종교, 타인이나 물질적인 재산 등에 의존함으로써 삶의 문제를 해결하려고 하는 것이다.

이에 반해 프롬은 인간이 결합과 초월 그리고 지향체계에 대한 욕망을 생산적으로 충족시킬 때 비로소 행복해질 수 있다고 본다. 다시 말해서 인간은 그러한 욕망을 생산적으로 충족하기 위해 사랑과 지혜 같은 자신의 이성적인 잠재능력을 충분히 구현할 때만 행복해질 수 있다고 보는 것이다. 프롬의 이러한 견해는 플라톤Platon이나 아리스토텔레스Aristoteles의 고전적인 인간관과 상통한다. 프롬과 마찬가지로 플라톤이나 아리스토텔레스도 인간은 자신의 본질적인 능력에 해당하는 이성적인 잠재력을 최대한 구현했을 때만 자신의 삶에 대해서 진정으로 행복을 느낄 수 있다고 본다.

플라톤이나 아리스토텔레스는 주관적인 쾌락의 체험은 어떤 행동이 선한지에 대한 기준이 될 수 없다고 보았다. 우리에게 쾌감을 주는 행동이 항상 선한 행동은 아닌 것이다. 플라톤과 아리스토텔레스는 '이성적인 존재로서의 인간의 본성을 실현하는 행동과 그것에 수반되는 쾌락'만이 진정으로 인간에게 좋은 것이라고 생각한다. 이런 의미에서 이들은 진정한 행복과 거짓된 행복을 구별하고 있으며, 진정한 행복은 이성적인 존재로서의 인간의 본성을 실현하는 올바르고 유덕한 삶을 통해서만 주어진다고 생각했다. 곧 마음이 평온하고 두려움이 없으며, 지속적이며 평온한 만족을 위해서 당장의 자극적인 쾌락을 거부할 수 있는 신중하고 통찰력 있는 사람만이 참된 행복을 누릴 수 있다는 것이다. 더 나아가 그들은 행복은 미덕에 대한 보상이 아니라 미덕 그 자체라고 보았다. 우리는 지혜롭고 자비롭게 생각하고 행동할 때 설령 그 때문에 피해를 입을지라도 행복한 것이다.

단적으로 말해 행복은 인간이 자신의 본질적 능력을 실현하는 모든 생산적인 사고와 감정과 행동에 수반되는 만족감이다. 따라서 행복한 인간이란 자신의 능동적 잠재력을 생산적으로 실현하는 삶의 기술이 탁월한 자다. 이는 역으로 인간은 자신의 생산적 에너지를 사용하지 못하게 되면 정신적인 병에 걸리고 불행하게 된다는 것을 의미한다.

예를 들어 인간은 말하고 생각할 수 있는 능력을 부여받았다. 이러한 능력이 저지당하면 인간은 심한 상처를 입게 된다. 또한 인간은 자기 자신과 아울러 모든 존재자를 사랑할 수 있는 능력을 지니고 있다. 인간이 동료 인간들을 비롯한 모든 사물을 사랑하는 것은 결코 인간을 초월하는 현상이 아니며, 인간이 본래 가지고 있고 인간에게서 우러나는 힘이다. 사랑은 인간이 하기 싫어도 해야만 하는 외부에서 부과된 의무가 아니라 인간이 그것을 통해 세계와 관계를 맺고 세계를 진정한 의미에서 자기 것으로 동화하는 에너지다. 만일 이러한 에너지를 사용할 수 없다면, 그것은 자신과 타인들을 파괴하는 데 사용될 것이다.

이와 관련하여 프롬은 우울증을 비롯한 갖가지 신경증은 인간이 생산적으로 완전하게 살아가는 데 실패했기에 생기는 것일 뿐이라고 본다. 프롬의 이러한 파악은 니체와 함께 실존철학자의 원조라고 할 수 있는 키르케고르^{Sören} ^{Kierkegaard}의 파악과 일치한다. 키르케고르는 우울이란 '정신이 감각적 향락을 위한 도구로 전락한 자신의 처지에 대해서 짜증을 내는 정신의 히스테리'라고 불렀다.

키르케고르는 인간의 존재방식을 크게 심미적 실존과 윤리적 실존 그리고 종교적 실존으로 나누었다. 이 경우 심미적 실존은 프롬이 말하는 삶의 소유양식과 유사하다. 심미적인 실존은 재미와 향락을 추구하는 존재이며, 그러한 재미와 향락을 가져다주는 재물을 탐하는 실존이다. 이러한 실존에 있어 정신은 감각적 쾌락을 누릴 수 있는 방법을 고안해내는 도구에 지나지 않는다. 예를 들어 카사노바 같은 사람에게 정신은 여인을 유혹할 수 있는 교묘한 방안을 생각하는 도구인 것이다. 그러나 키르케고르는 인간의 정신에는 보다 고귀한 의미를 추구하는 성향이 존재한다고 보았다. 이러한 성향이 실현되지 못하고 정신이 한갓 감각적 쾌락을 마련하는 도구로 전락할 때 정신은 자신에 대해 환멸을 느끼고, 이러한 환멸이 우울로 나타난다는 것이다. 이런 의미에서 키르케고르는 가장 즐겁고 유쾌하게 사는 심미적 실존의 근저에는 우울이 깃들어 있다고 보았다.

성숙한 인격에서 비롯되는 행복

행복이란 아리스토텔레스가 말하는 것처럼 인간이 궁극적으로 추구하는 것이다. 그런데 사람들은 이 말을 인간이 궁극적으로 추구하는 것은 아무런 고통도 없는 즐거움이라는 식으로 오해하기도 한다. 인간이 궁극적으로 추구하는 것이 이런 것이라면, 지속적인 오르가즘을 느끼게 하는 용액을 발명해서 뇌를 그 속에 영구적으로 담가 놓는 것이 최대의 축복이 될 것이다. 그러나 대부분의 사람은 이렇게 철저하게 수동적으로 쾌감을 느끼는 상태를 끔찍하다고 생각하지 행복하다고 생각하지는 않을 것이다.

그럼에도 우리 시대의 많은 사람이 행복해지기 위해서는 별다른 능동적인 노력이나 기술이 필요하지 않으며 사회적으로 성공하고 돈과 명성과 권력을 갖게 되면 행복은 자연히 따라온다고 생각한다. 지속적인 오르가즘을 느끼게 하는 용액에 의존하여 행복해지는 것은 끔찍하게 생각하면서도, 행복이 돈과 명성 그리고 권력과 같은 외적인 것에 의존한다고 생각하는 것이다.

이에 반해 프롬은 인간은 돈이나 명성 혹은 권력을 통해서 행복해지는 것이 아니라 인간 본성의 법칙에 따라 자신의 능력을 전개할 경우에만 행복할 수 있다고 생각한다. 프롬은 아리스토텔레스와 마찬가지로 이성적으로 사고하고 행동하는 것이 습관화되고 체화된 사람이 자신의 삶에 대해서 갖는 만족감을 행복이라 보았다. 달리 말해서 인간의 행복은 돈이나 명성 혹은 권력에 달린 것이 아니라 인격적 성숙의 정도에 달려 있다는 것이다.

성숙한 인격의 소유자는 이성적으로 사유하고 행동하면서 자신의 고유한 본질을 구현하는 상태일 뿐 아니라 다른 인간들과 사물들이 자신들의 고유한 본질을 구현하도록 돕는다. 그는 자신의 주관적인 이해를 타인에게 관철하려고 하거나 추상적인 도덕규범을 강요하지도, 다른 사람의 주관적인 욕구를 무조건적으로 충족시켜주려 하지도 않는다. 그는 다른 사람이 스스로 이성적으로 사유하고 행동하는 자립적인 인간이 되도록 돕는다.

자신을 제대로 사랑해야
타인도 사랑할 수 있다

사회학적 상대주의냐 규범적 인본주의냐

물론 프롬도 시대나 지역에 따라서 사람들의 가치관이 달
랐다는 점을 인정한다. 그러나 프롬은 이러한 상대성의 근
저에 인간 일반이 지향하는 보편적인 가치가 존재한다고
본다. 프롬은 자신의 이러한 입장을 규범적 인본주의라고
부른다. 이러한 규범적 인본주의에 대립하는 것은 사회학
적 상대주의다. 사회학적 상대주의는 인류가 보편적으로
추구하는 가치란 존재하지 않으며, 사람들이 추구하는 가
치는 시대와 사회에 따라 달라진다고 보는 입장이다. 사회
학적 상대주의의 입장에서 건강한 인간이란 자기가 속한
사회에 잘 적응하면서 그 사회가 추구하는 가치를 별 문제

없이 실현하는 인간이다.

이에 반해 규범적 인본주의는 인류가 추구해야 할 보편적인 가치가 있다고 보며, 이러한 보편적인 가치에 따라서 어떤 인간뿐 아니라 사회도 평가되어야 한다고 본다. 이와 함께 규범적 인본주의는 다른 문제에서와 마찬가지로 인간존재의 문제에도 옳은 해결과 그릇된 해결이 있으며, 만족스러운 해결과 불만스러운 해결이 있다고 생각한다.

이러한 전제에서 볼 때 정신건강의 기준은 개개인이 특정의 사회질서에 어떻게 적응하느냐의 문제가 아니라 인간의 잠재된 욕구를 어떻게 제대로 실현하느냐가 문제다. 그러한 욕구에는 병든 욕구도 있고 건전한 욕구도 있다. 병들어 있는 욕구가 인간의 욕구 전체로 격상되고 그 외의 욕구를 억압한다면 그러한 인간은 병든 인간이며, 그러한 욕구가 지배적인 사회 역시 병든 사회다. 이에 반해서 건전한 욕구를 실현하려고 하는 인간과 사회는 건전한 인간이고 사회다.

이러한 프롬의 입장은 공동체주의의 대표적인 철학자 찰스 테일러Charles Taylor의 입장과 매우 유사하다. 테일러는 다른 사람들의 생명과 존엄성 그리고 행복과 번영을 존중해야 한다는 윤리적인 요구는 모든 시대와 사회에서 보인다고 말한다. 테일러에 의하면 각 시대와 각 사회에서 보이는 차이는 그것들이 지향하는 가치가 다르다는 데 있지 않다. 시대와 지역에 따라서 달라지는 것은 생명과 존엄성 그리고 행복이 존중되어야 할 사람들의 범위일 뿐이다.

초창기의 사회들, 심지어 오늘날의 몇몇 사회에서는 그러한 가치가 인정되는 자들의 범위를 부족원이나 동일한 인종으로 제한한다. 그러나 그 사회의 구성원이라면 누구나 당연히 자신의 존엄성이 인정받기를 요구할 수 있다고 느낀다. 현대인들 대부분은 인류 전체가 그러한 요구를 제기할 수 있다고 느낀다. 더 나아가 현대인 중에서 동물의 권리를 믿는 사람들은 동물들도 그러한 요구를 제기한다고 여긴다.

테일러는 그러한 윤리적인 요구는 도덕적인 직관으로서 우리 속에 깊이 뿌리 내리고 있다고 말한다. 테일러에 따르면, 그러한 직관은 우리에게 매우 강하게 체화되어 있어서 상당 부분 양육과 교육의 결과인 다른 도덕적 반응과는 달리, 우리의 본능이 되었다고 할 수 있을 정도다. 그것은 동물들에게 보이는 보편적인 경향, 즉 동일한 종에 속하는 것들을 죽이지 않는다는 경향과 결부되어 있는 것 같다.

다른 사람을 죽이거나 상처를 입히는 것에 대해 사람들은 자연스럽고 천성적인 양심의 가책을 느끼며, 부상을 당하거나 위험에 처한 사람을 돕고 싶어 하는 성향 또한 존재한다. 문화와 교육은 우리가 존중해야 할 '타자'의 범위를 정하는 데 기여할지 모르지만, 기본적인 반응 자체를 창조하지는 않는다. 테일러는 바로 이것이 18세기의 사상가들, 특히 루소Jean Jacques Rousseau가 다른 사람들에 대해서 동정을 느낄 수 있는 자연스러운 감수성이 모든 인간에게 존재한다고 믿을 수 있었던 이유라고 말하고 있다.

삶의 과제는 나르시시즘을 극복하는 것이다

프롬은 인간 개개인의 경우에도 인간이 실현해야 할 삶의 방향은 주어져 있다고 생각한다. 프롬은 인간 개개인의 삶의 과제는 궁극적으로는 인간의 자기중심성, 즉 나르시시즘을 극복하는 데 있다고 본다. 이 경우 나르시시즘은 어떤 한 개인이 자기 자신에게만 집착하는 것뿐 아니라 자신의 가족이나 종교 혹은 집단에 편협하게 집착하는 것까지 모두 포함한다. 인간은 자신의 편협한 이해 관심과 관점을 떠나서 사물을 객관적이고 공정하게 보려고 노력해야 하며 자신의 이해를 다른 인간들과 존재자들에게 강요하는 것이 아니라 다른 사물들의 성장을 돕는 사랑의 인간이 되어야 한다.

프롬은 이렇게 나르시시즘을 벗어난 상태는 자기 자신에 대한 사랑과 모순되는 것이 아니라 오히려 진정한 의미에서 자신을 사랑하는 것이라고 말한다. 오히려 프롬은 진정으로 자신을 사랑할 줄 아는 사람만이 다른 사람도 사랑할 수 있다고 본다. 이는 편협한 나르시시즘, 즉 편협한 이기주의는 자신을 사랑하는 것 같으면서도 사실은 자신을 물질이나 명성 혹은 자신이 집착하고 동일시하는 국가나 민족 혹은 종교적·정치적 이데올로기의 노예로 만드는 것이기 때문이다. 아리스토텔레스가 인간이 이성적인 덕을 제대로 구현할 경우에만 진정으로 행복할 수 있고 그러한 의미에서 자신을 제대로 사랑한다고 보는 것처럼, 프롬 역시 인간은 자신의 이성적인 잠재적 능력을 제대로 구현할 경우에만 진정으로 행복하며 자신을 사랑할 수 있다고 본다.

최근 MZ세대가 말하는 '소확행'의 가
치관은 프롬이 말하는 '자신의 본질적
인 능력에 해당하는 이성적인 잠재력
을 최대한 구현했을 때' 느끼는 행복과
는 다른 것인가?

소확행이라는 가치관은 기본적으로 개인주의적
인 성격을 갖고 있다. 이에 반해 프롬은 인간의 공
동체주의적인 성격을 강조한다. 프롬 자신이 그
랬던 것처럼 프롬은 사람들이 사회문제에 진지한
관심을 갖고 사회를 보다 인간적으로 만들기 위해

서 노력해야 한다고 본다. 프롬은 인간이 사랑과
지혜라는 자신의 본질적인 능력을 실현했을 때만
자신의 삶에서 참된 만족과 보람을 느낄 수 있다고
본다.

프롬 자신은 자유롭고 존재 지향적인
인간이었는가?

프롬도 인간적인 약점이 있었다. 사실 프롬은 오
만하고 권위적이라는 비판도 많이 받았다. 그럼
에도 그가 존재 지향적인 삶을 구현하기 위해 진
지하게 노력한 사람이었다는 사실은 부정할 수 없
다. 특히 프롬에게서 정말 놀라운 점은 유대인임
에도 이스라엘 건국을 반대했다는 사실이다. 그
는 이스라엘 정부에 땅을 빼앗긴 아랍인들에게 땅
을 되찾아주는 운동을 벌였고, 중동의 평화를 위
해 많은 노력을 했다. 사실 유대인 입장에서 이스
라엘 건국에 반대한다는 것은 쉬운 일이 아니다.

사유의 새로운 지평

Philos 시리즈

인문·사회·과학 분야 석학의 문제의식을 담아낸 역작들
앎과 지혜를 사랑하는 사람들을 위한 우리 시대의 지적 유산

arte

Philos 001-003

경이로운 철학의 역사 1-3

움베르토 에코·리카르도 페드리가 편저 | 윤병언 옮김

문화사로 엮은 철학적 사유의 계보

움베르토 에코가 기획 편저한 서양 지성사 프로젝트
당대의 문화를 통해 '철학의 길'을 잇는 인문학 대장정

165*240mm | 각 904쪽, 896쪽, 1,096쪽 | 각 98,000원

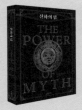

Philos 004

신화의 힘

조셉 캠벨·빌 모이어스 지음 | 이윤기 옮김

왜 신화를 읽어야 하는가

우리 시대 최고의 신화 해설자 조셉 캠벨과
인터뷰 전문 기자 빌 모이어스의 지적 대담

163*223mm | 416쪽 | 32,000원

Philos 005

장인: 현대문명이 잃어버린 생각하는 손

리처드 세넷 지음 | 김홍식 옮김

"만드는 일이 곧 생각의 과정이다"

그리스의 도공부터 디지털 시대 리눅스 프로그래머까지
세계적 석학 리처드 세넷의 '신(新) 장인론'

152*225mm | 496쪽 | 32,000원

Philos 006

레오나르도 다빈치:
인간 역사의 가장 위대한 상상력과 창의력

월터 아이작슨 지음 | 신봉아 옮김

"다빈치는 스티브 잡스의 심장이었다!"

7,200페이지 다빈치 노트에 담긴 창의력 비밀
혁신가들의 영원한 교과서, 다빈치의 상상력을 파헤치다

160*230mm | 720쪽 | 68,000원

Philos 007

제프리 삭스 지리 기술 제도:
7번의 세계화로 본 인류의 미래

제프리 삭스 지음 | 이종인 옮김

지리, 기술, 제도로 예측하는 연결된 미래

문명 탄생 이전부터 교류해 온 인류의 70,000년 역사를 통해
상식을 뒤바꾸는 협력의 시대를 구상하다

152*223mm | 400쪽 | 38,000원

Philos 018

느낌의 발견: 의식을 만들어 내는 몸과 정서

안토니오 다마지오 지음 | 고현석 옮김 | 박한선 감수·해제

느낌과 정서에서 찾는 의식과 자아의 기원

'다마지오 3부작' 중 두 번째 책이자 느낌–의식 연구에
혁명적 진보를 가져온 뇌과학의 고전

135*218mm | 544쪽 | 38,000원

Philos 019

현대사상 입문: 데리다, 들뢰즈, 푸코에서 메이야수, 하먼, 라뤼엘까지 인생을 바꾸는 철학

지바 마사야 지음 | 김상운 옮김

인생의 '다양성'을 지키기 위한 현대사상의 진수

이해하기 쉽고, 삶에 적용할 수 있으며,
무엇보다도 마음을 위로하고 격려하는 궁극의 철학 입문서

132*204mm | 264쪽 | 24,000원

Philos 020

자유시장: 키케로에서 프리드먼까지, 세계를 지배한 2000년 경제사상사

제이컵 솔 지음 | 홍기빈 옮김

당신이 몰랐던, 자유시장과 국부론의
새로운 기원과 미래

'애덤 스미스 신화'에 대한 파격적인 재해석

132*204mm | 440쪽 | 34,000원

Philos 021

지식의 기초: 수와 인류의 3000년 과학철학사

데이비드 니런버그·리카도 L. 니런버그 지음 | 이승희 옮김 | 김민형 추천·해제

서양 사상의 초석, 수의 철학사를 탐구하다

'셀 수 없는' 세계와 '셀 수 있는' 세계의 두 문화,
인문학, 자연과학을 넘나드는 심오하고 매혹적인 삶의 지식사

132*204mm | 626쪽 | 38,000원

Philos 022

센티언스: 의식의 발명

니컬러스 험프리 지음 | 박한선 옮김

따뜻한 피를 가진 것만이 지각한다

지각 동물, '센티언트(Sentients)'의 기원을 찾아가는
치밀하고 대담한 탐구 여정

135*218mm | 340쪽 | 30,000원

나치로부터 씻을 수 없는 상처와 핍박을 받은 민족
으로서 자신들의 나라를 세우고 싶다는 생각은 어
쩌면 당연한 일인지 모른다. 하지만 프롬은 그런
민족주의에서 벗어나 오직 사해동포주의적인 입
장에서 이스라엘에 반기를 들었다. 범상치 않은
행보라고 볼 수밖에 없다.

3부_____

인간에게는
자유로부터

도피하려는
성향이
있다

근대인은 중세봉건 사회의 비합리적인 규범이나 신분적인 구속에서 해방되었다. 그러나 그 대신에 모든 것을 스스로 결정하고 이러한 결정에 책임을 져야 하는 상황에 처하게 되었다. 이러한 상황에서 근대인은 자유를 부담스러운 짐으로 생각하면서 새로운 비이성적인 권위에 자신을 내맡기고 싶어 하게 된다. 프롬이 말하는 '자유로부터의 도피'는 바로 이러한 심리적 경향성을 가리킨다.

왜 자유로부터
도피하는가

자유란 무엇인가

우리가 인간과 동물을 비교하면서 인간의 본질과 인간의 욕망을 탐구하게 된 것은 원래 자유란 무엇인지 파악하기 위해서였다. 이제 자유가 무엇인지 분명해진다. 흔히 자유란 인간이 마음대로 행동하는 것이라고 생각하거나 짜장면을 먹을지 짬뽕을 먹을지 선택하는 것이라고 생각한다. 그러나 프롬은 자유란 인간이 자신의 실존적 욕망들을 건강하게, 다시 말해 이성적인 방식으로 구현하는 것이라고 본다. 즉 자유란 사랑과 연대 그리고 지혜와 같은 미덕을 실현하는 것이다. 따라서 자유로운 인간은 비판적이고 독립적인 이성을 유지하면서도 다른 인간들을 사랑하는 유덕하면서도 이성적인 인간이다. 이에 반해 자유롭지 못한 인간은 독선과 광기에 사로잡힌 인간들이다. 이들은 독선과 광기의 노예가 되고 자유롭고 비판적으로 사고할 능력을 상실해버린 채 자신들이 숭배하는 권위에 철저하게 예속된 자들이다.

인간과 자유에 대한 이상의 고찰을 토대로 우리는 이제 근대인들에게서 보이는 '자유로부터의 도피' 현상을 살펴볼 것이다.

왜 인간은 복종을 택하는가

프롬은 근대에서 보이는 '자유로부터의 도피'라는 현상을 나치즘의 대두와 지배를 실마리로 하여 고찰한다.

마르크스주의자들을 비롯하여 많은 사람이 나치즘의 대두를 주로 당시의 경제적·사회적 조건으로부터 설명한다. 프롬 역시 나치즘의 대두에는 당시의 경제적·사회적 조건이 중요한 원인이라는 사실을 인정한다. 그러나 프롬은 나치즘의 대두는 경제적·사회적 조건 이외에 사람들이 나치즘을 열광적으로 지지하게 된 심리적 원인을 함께 고려할 때에만 제대로 설명될 수 있다고 본다.

근대인은 중세봉건 사회의 비합리적인 규범이나 신분적인 구속에서 해방되었다. 그러나 그 대신에 모든 것을 스스로 결정하고 이러한 결정에 책임을 져야 하는 상황에 처하게 되었다. 이러한 상황에서 근대인은 자유를 부담스러운 짐으로 생각하면서 새로운 비이성적인 권위에 자신을 내맡기고 싶어 하게 된다. 프롬이 말하는 '자유로부터의 도피'는 바로 이러한 심리적 경향성을 가리킨다. 앞에서 본 것처럼 이 경우 자유란 단순히 전통사회의 비이성적인 규범과 구속에서 해방되었다는 소극적인 의미만을 갖는 것은 아니다. 그것은 인간 개개인이 자신의 주체적인 자아를 실현하는 것, 다시 말해서 자신의 감각적·정서적·이성적 능력을 온전히 실현한다는 적극적인 의미를 갖는다. 자유로부터의 도피란 인간이 주체적인 성장을 포기하고 비이성적인 권위에 자신을 내맡기는 상태로 퇴행하는 것을 가리킨다.

그런데 인간은 왜 주체적인 성장 대신에 비이성적인 권위에 복종하는 것을 택하는가. 자본주의에서는 인간을 자신의 이기적인 욕망을 타산적인 방식으로 실현하려는 존재로 보는 인간관이 지배해왔다. 그러나 이러한 인간관으로는, 나치즘이나 스탈린주의를 비롯한 갖가지 정치적인 이념이나 종교적인 이념에 매료된 인간들에게서 볼 수 있는 것처럼, 민족이나 인민 혹은 국가나 신을 위해 자신을 희생하려 하고 권위에 자진하여 복종하려는 성향은 도저히 이해될 수 없다. 나치즘은 이기적이고 타산적인 이성에 호소하지 않고, 근대인들이 실재하지 않는다고 믿거나 이미 오래전에 사멸해버렸다고 믿었던 비합리적인 성향을 이용했다. 나치즘의 대두를 이해하려면 근대에는 자유에 대한 추구 못지않게 자유를 포기하고 복종과 예속을 택하려는 경향도 강력하게 존재해왔다는 사실을 잊어서는 안 된다.

실로 중세 말기 이래로 서양의 역사는 개인이 종교적·사회적 구속에서 해방되어가는 역사다. 이러한 자유의 역사는 르네상스에서부터 시작하여 현재 그 절정에 이른 것처럼 보인다. 실로 근대인 중에는 정신적으로나 정서적으로 성숙하여 주체적인 삶을 영위한 사람들도 있었다. 그러나 중세적인 속박'으로부터의 자유'가 항상 개성과 주체적인 이성의 발전으로 나타나지는 않았다. 중세적인 구속에서는 벗어났지만, 중세적인 구속보다 훨씬 더 비합리적인 구속으로 도피하거나 서로에 대해 아무런 관심도 갖지 않은 채 자신의 이기적인 욕망만을 추구하는 경향 또한 근대에는 강력하게 존재해왔다. 프롬은 자유로부터의 이러한 도피가 구체적으로 어떤 식으로 이루어져왔는지를 중세 말기부터 추적하고 있다.

자유는 근대인을
해방시키는 동시에
고립시켰다

중세와 중세 말기의 사회적 상황

프롬은 근대인에게 자유가 어떤 의미를 갖는지 분석하기
위해 우선 중세와 중세 말기의 유럽문화를 분석한다. 근대
사회와 비교할 경우, 중세사회의 가장 큰 특징은 개인의 자
유가 존재하지 않았다는 점이다. 중세는 신분사회였고 중
세 초기의 인간은 자신의 신분에 얽매여 있었다. 사람들은
신분질서를 당연한 것으로 생각했다. 귀족은 자신들의 특
권을 당연하게 생각했으며, 평민도 자신들이 겪는 차별을
당연하다고 여겼다.

그러나 프롬은 중세사회의 인간이 불행했다고 보지는
않는다. 중세인은 신분질서에 매여 있었지만, 고독하지 않

았고 고립된 상태에 있지도 않았다. 사람들은 태어나는 순간부터 이미 분명하고 변경할 수 없는 전체적인 질서 안에서 고정된 지위를 가졌다. 신분질서는 신이 정한 것으로 여겨졌기 때문에 사람들은 신분질서 속에서 자신의 역할을 다하면서 안정감과 소속감을 느꼈다. 신분을 바꾸는 것은 불가능했기 때문에 사람들은 자신의 지위를 높이기 위해 경쟁하지도 않았다. 이는 유교적인 신분질서가 당연시되었던 조선시대에도 마찬가지였다.

교회는 인간이 겪는 모든 고통과 고뇌는 '아담'이 저지른 원죄의 결과이며, 또한 각자가 지은 죄의 결과라고 가르쳤다. 사람들은 교회의 이러한 가르침에 대해 아무런 의문도 갖지 않으면서 자신들이 겪는 고통과 고뇌를 당연한 것으로 생각했다. 자신이 겪는 고통과 고뇌를 마땅히 겪어야 할 것으로 생각하면 사람들은 고통이나 고뇌를 크게 느끼지 못하거나, 심지어는 고통이나 고뇌를 일상적인 일로 생각하면서 무덤덤하게 받아들일 수도 있다. 주위의 사람들 대부분이 자신과 동일한 고통과 고뇌를 겪으면 이러한 경향은 더욱 심해진다.

중세시대에 농노로 태어난 사람이나 조선시대에 노비

로 태어난 많은 사람도 자신들의 비참한 처지를 불가피한 숙명이라고 생각하면서 받아들였을 것이다. 따라서 이들은 자신의 처지를 숙명으로 받아들이지 않고 얼마든지 바꿀 수 있는 것으로 생각하는 근대의 하층계급에 비해서 자신들의 삶에 큰 불만이 없었을 것이다. 『춘향전』의 방자는 이도령의 출세를 자신의 출세라고 생각하면서 이도령의 장원급제에 크게 기뻐했을 수도 있다.

교회는 한편으로 '인간은 죄인'이라고 가르치면서도 다른 한편으로는 신이 모든 인간을 차별 없이 사랑한다고 가르쳤다. 그리고 어떻게 하면 신의 용서를 받고 은총을 받을 수 있는지, 사후에 천국에서 어떻게 영원한 행복을 누릴 수 있는지 알려주었다. 사람들은 신을 두려운 존재로 생각하기보다는 사랑이 충만한 존재라고 생각했기에 자신들이 신의 보살핌을 받는다고 느꼈다. 아울러 사람들은 지구와 인간이 우주의 중심이고 자신을 최고의 피조물이라고 생각하면서 스스로에게 자부심을 느꼈다. 파스칼은 무한한 공간의 영원한 침묵 앞에서 두려움을 느낀다고 말했지만, 중세인들은 그러한 두려움을 느낄 필요가 없었다.

중세사회는 이렇게 구성원들에게 안정감을 주었지만

사실은 개인을 속박하고 있었다. 그러나 프롬은 이러한 속박은 근대의 권위주의적인 속박이나 압박과는 전혀 다른 성질을 갖는다고 본다. 중세사회는 개인에게서 자유를 빼앗지 않았다. 왜냐하면 그 시대에는 아직 '개인'이라는 관념 자체가 존재하지 않았기 때문이다. 사람들은 자신을 어떤 신분이나 가문 혹은 조합의 일원으로 생각했을 뿐이지 독립적인 개인으로 생각하지 못했다. 이는 조선시대 사람들이 자신을 어떤 양반 가문의 일원으로 생각했거나 어떤 집안의 노비로 생각했던 것과 다를 바 없다.

사람들은 심지어 같은 도시에 살더라도 신분이 다를 경우에는 서로를 낯설게 여겼다. 귀족들은 같은 민족인 평민들보다도 오히려 다른 민족인 귀족들과 동질감을 느꼈으며 자신들이야말로 고귀한 인간이라고 생각했다. 이들은 또한 자신들보다 낮은 신분의 사람들을 천한 인간으로 간주했으며, 낮은 신분의 사람들도 자신을 그렇게 생각했다.

중세 말기로 오면서 사회구조와 인간의 성격구조가 변한다. 귀족은 아니지만 상당한 재산을 가진 새로운 계급, 즉 부르주아가 출현하게 되었고 농노 대신에 노동자들이 나타났다. 농노는 영주에 철저하게 예속되어 거주지조차

바꿀 수 없었던 반면에, 노동자들은 거주지를 마음대로 바꿀 수 있었으며 자신의 노동력을 자신이 원하는 사람에게 팔 수도 있었다. 이와 함께 개인주의가 대두되었으며, 취미, 유행, 예술, 철학 및 신학 등 삶의 거의 모든 영역에서 개인주의적 성향이 크게 강화되었다. 개인들 간의 경쟁이 심화되고 개인의 창의성이 중요시되었으며, 사람들은 신분·혈연·지연에 따른 결속과 구속에서 벗어나 자신들을 독립적인 개인으로 느끼게 되었다.

사람들은 자연도 신의 섭리를 따르는 것으로 보지 않고, 과학이나 기술을 통해서 탐구하고 정복해야 할 대상이나 그 아름다움을 향유해야 할 대상으로 여기게 된다. 예를 들어 중세사회에서 벼락은 신의 노여움이 표현된 것으로 여겨졌지만, 근대에서는 단순한 전기현상으로 간주되면서 피뢰침을 통해 그 해를 막을 수 있는 것으로 간주된다.

르네상스 시대와 자유로부터의 도피

르네상스는 중세 말기의 이러한 사회적·문화적 분위기를 배경으로 출현했다. 그것은 강력한 권력과 부를 갖는 귀족과 부르주아의 문화였다. 가난한 일반 대중은 중세사회가 제공하던 안정된 삶을 상실하고, 소수의 세력가가 교묘하게 조종하고 착취하는 무조직의 군중이 되고 말았다. 새로운 전제정치가 새로운 개인주의와 동시에 나타나게 되었다. 사람들에게 소속감을 주던 지연과 혈연, 신분과 조합 등이 무너지고 사람들이 개별적인 인간으로 분산되면서, 사람들은 전제정치의 폭정에 무방비 상태로 내맡겨졌다. 이런 의미에서 르네상스시대는 자유와 폭정, 개성과 무질서가 동시에 난무하던 시대였다.

흔히 르네상스시대는 중세의 질곡에서 벗어나 사람들이 인간과 육체의 존엄을 깨닫고 자유와 개성을 구가하게 된 시대로 평가된다. 더 나아가 이 시대는 레오나르도 다 빈치Leonardo da Vinci나 미켈란젤로Michelangelo Buonarroti와 같은 천재들을 낳은 위대한 시대로 간주된다. 그러나 프롬은 르네상스시대에 대한 이러한 통념에 이의를 제기한다. 우선 프롬은 보통 이야기되는 것처럼 르네상스시대의 상층계급이 행복하고 안정된 생활을 누렸는지에 대해 의문을 품는다. 실로 르네상스의 상층계급은 활발한 경제활동과 풍족한 부를 통하여 자신을 자유롭고 개성을 갖춘 존재로 생각하게 되었다. 그러나 그들도 중세의 사회구조가 마련해주었

르네상스 시대의 레오나르도 다 빈치와 미켈란젤로

던 안정감과 소속감을 상실하면서 자유로워졌지만 고독하고 불안해졌다.

이러한 고독과 불안에서 벗어나기 위해 그들은 쾌락에 탐닉했고 수단을 가리지 않고 권력과 부와 명예를 추구했다. 그들은 다른 사람들을 자신들이 이용하고 조종해야 할 '수단'으로 간주했으며, 자신의 이익을 위해서 다른 사람들의 삶을 파괴하는 일도 서슴지 않았다. 중세의 안정된 사회구조가 파괴되면서 사람들은 도처에서 적의가 번득이는 세계에 자신이 홀로 내던져 있다고 느끼게 되었다. 이러한 고독감과 불안이야말로 르네상스시대의 인간들이 권력과 부와 명예를 그토록 갈구하게 된 근본적인 원인이었다. 사람들은 자신의 권력과 부를 증대시키고 명예를 드높임으로써 고독감과 불안을 잠재우려고 했다. 이에 반해 권력과 부와 명예에 대한 욕망은 중세인들에게는 그렇게까지 강렬하지 않았다.

루터의 신교와 자유로부터의 도피

프롬은 자본주의와 그것을 규정하는 정신은 중세 말기의 이탈리아 르네상스에서 비롯된 것이 아니라고 본다. 중서부 유럽의 경제적·사회적 상황과 루터^{Martin Luther}와 칼뱅^{Jean Calvin}의 신교에서 비롯된다는 것이 프롬의 관점이다. 르네상스 문화는 부유하고 강력한 권력을 갖는 소수와 그들이 지원한 예술가들과 철학자들이 조성한 것이었다. 이에 반해 루터와 칼뱅의 신교는 도시의 중산층과 하층민 및 농민들의 종교였다. 물론 독일에도 면직업과 광산업으로 거대한 부를 쌓은 푸거가^{Fugger family}처럼 부유한 사업가들이 존재했다. 그러나 종교개혁이 호소한 집단은 그들이 아니었으며, 근대 자본주의를 성립한 주체도 그들이 아니었다.

중세 말기의 루터와 칼뱅

프롬은 우선 루터의 종교개혁이 나타나게 된 역사적 배경을 고찰하고 있다. 중세인들은 인간의 경제활동은 다른 행위와 마찬가지로 도덕의 지배를 받아야 한다고 생각했다. 중세의 사상가들 역시 도덕적인 목적을 위한 것이 아닌 경제활동은 허용되어서는 안 된다고 보았다. 그들은 또한 오늘날의 경제학자들처럼 부에 대한 욕망을 자명하고 본능적인 욕망으로 보지 않았다. 그들은 사회철학의 전제를 프로이트처럼 성욕에 두지 않았으며, 권력욕이나 재물욕에도 두지 않았다. 그들은 돈이 인간을 위해 존재하는 것이지 인간이 돈을 위해 존재한다고 보지 않았다. 따라서 중세

시대에는 재물에 대한 탐욕으로 인해 도덕이 무시되지 않도록 갖가지 법적인 조치가 취해졌다.

경제활동이 이렇게 도덕적 이념에 의해 지배되었던 중세시대에는 직공들과 소상인들의 지위가 비교적 안정되어 있었다. 그러나 중세의 안정된 질서는 중세 말기부터 서서히 흔들리기 시작했으며 19세기에 이르러서는 완전히 붕괴하고 말았다. 어떤 길드는 일정한 정도 이상의 재산을 가지고 있는 자들에게만 가입 자격을 인정했으며, 어떤 길드는 강력한 독점기업이 되어 소비자들을 착취했다. 도시의 빈민들과 노동자들 그리고 도제들과 농민들은 더욱 착취당하고 빈곤해졌다. 도시의 하층 중산계급 대부분의 상황도 열악해졌다. 수많은 직공과 소상인은 독점기업들에 대항해야만 했다. 독점에 반대하는 소상인들의 격렬한 분노는 1524년에 간행된 『상업과 고리대금에 관하여』라는 루터의 소책자에서 잘 표현되고 있다. 루터는 여기에서 독점을 통해 멋대로 가격을 올리고 내리면서 모든 소상인을 파멸시키는 독점세력을 통렬하게 비판하고 있다.

프롬은 당시의 상황과 오늘날의 상황이 극히 유사하다고 본다. 15세기와 16세기의 하층 중산계급이 독점세력에 품고 있던 분노와 공포는, 오늘날의 하층 중산계급이 대자본가에 품고 있는 감정과 많은 점에서 유사하다는 것이다.

자본주의가 발달하면서 사회질서에는 고정된 지위가 존재하지 않게 되었다. 각 개인의 운명이 안정된 지위와 신분이 아닌 각자의 능력과 노력에 달려 있게 되면서, 모든 지위와 부는 일시적이고 불안정한 것이 되었다. 근면과 능률이 최고의 도덕적인 가치로 여겨졌으며, 이와 함께 구걸하는 자들은 비생산적이고 비도덕적인 자들로 간주되었다. 근대적인 의미의 정확한 시간관념이 발달하기 시작했고, 1분 1초가 가치 있는 것으로 여겨지게 되었다. "시간은 돈이다"라는 벤저민 프랭클린^{Benjamin Franklin}의 말에서 보듯이, 시간은 너무나 귀중한 것이기 때문에 부질없는 일에 시간을 낭비해서는 안 되며 휴일도 가능한 한 줄여야 한다고 생각하게 되었다. 뉘른베르크의 시계가 16세기 이래 15분마다 종을 울리게 된 것도 바로 이렇게 변화된 시간관념을 반영한 것이다.

이와 함께 불안이 사람들의 삶을 잠식하기 시작했다. 치열한 경쟁 속에서 사람들은 고독하고 불안한 존재가 되었고, 이러한 불안에서 탈피하기 위해 물질적인 성공에 집착하게 되었다. 이러한 상황이야말로 루터와 칼뱅의 신교가 출현하게 된 역사적 배경이다. 새로운 종교는 부유한 상층 계급의 종교가 아니라 도시의 하층 중산계급이나 빈민들 그리고 농민들의 종교였다. 신흥 자본가계급에 대해 이들이 느꼈던 분노와 무력감 그리고 불안이 루터의 신학에 분명한 형태로 반영되어 있다.

가톨릭에서 구원은 교회를 통해서 이루어진다. 각 개인은 세례나 미사 등과 같이 교회가 행하는 성사聖事에 열심히 참여함으로써 구원된다. 이에 반해 루터에게 구원은 자신의 구원을 절대적으로 확신하는 신앙을 통해서 주어진다. 프롬은 루터에게서 보이는 '구원의 확실성에 대한 강렬한 추구'는 견디기 힘든 불안과 무력감에서 비롯된 것으로 본다. 루터는 신에 대한 무조건적이고 절대적인 복종과 헌신을 통해서 그러한 불안과 무력감을 극복하려 하는 것이다.

루터는 인간의 본성은 악하다고 보았다. 따라서 그는 어떠한 인간도 자발적으로 선을 행할 수 없다고 보았다. 선을 행할 수 있는 힘을 얻기 위해서는 자신의 무력함과 죄를 고백하고 신에게 자신을 전적으로 내맡겨야 하며 이를 통해 신의 은총을 받아야 한다. 물론 루터는 이러한 복종과 헌신은 신에 대한 공포가 아니라 신에 대한 사랑에서 비롯되는 자발적인 것이라고 말한다. 그러나 심리학적 견지에서 검토할 경우, 루터가 말하는 신에 대한 사랑과 신앙은 사실은 복종하고 예속되고 싶어 하는 마조히즘의 한 형태라는 사실이 분명히 드러난다. 루터는 무력감과 죄의식에 사로잡혀 신에게 자신을 철저하게 예속시키고 있는 것이다. 그는 이러한 예속 상태를 신에 대한 사랑이라고 착각하지만, 이는 마조히즘에 빠진 인간이 다른 사람에게 의존하고 예속되어 있는 상태를 그 사람에 대한 '사랑'이라고 착각하는 것과 같다.

중세의 가톨릭교회는 인간은 아담의 원죄 때문에 타락했지만, 본래 인간은 선을 추구하고 있으며 선을 실현할 수 있는 자유의지를 가지고 있다고 보았다. 인간은 그리스도의 희생이라는 공적功績에 기반하고 있는 교회의 성례聖禮와 자신의 노력에 의해서 다시 구원받을 수 있게 되었다. 또한 가톨릭교회는 인간이 신의 형상에 따라 만들어졌기에 신과 인간 사이에는 유사성이 존재하며, 인간은 신의 사랑을 확신할 수 있다고 보았다.

이에 반해 루터는 인간이 자유의지를 포기하고 신에게

자신을 철저하게 복속시킬 것을 요구한다. 루터에게 '신앙'
은 인간이 이렇게 자기를 버리고 신에게 헌신할 때 비로소
신의 사랑을 받게 된다는 확신을 의미한다. 불안과 무력감
을 극복하는 루터식의 해결 방법은 오늘날에도 많은 사람
에게서 볼 수 있다. 루터의 신앙은 강력한 국가나 '탁월한
지도자'에게 자신을 철저하게 내맡김으로써 불안과 무력
감을 해소하려는 태도와 본질적으로 동일하다.

　현대인들은 신학적인 표현을 사용하지는 않지만, 어떤
압도적인 강력한 힘의 도구가 되는 방식으로 살아갈 힘을
얻으려고 한다. 이외에 현대인들은 부를 쌓거나 과학과 기
술을 발전시킴으로써 불안과 무력감을 극복하려고 한다.
이러한 방법 역시 사람들이 자신들의 내적인 힘에 의해서
가 아니라 어떤 외적인 힘에 의존함으로써 불안과 무력감
을 극복하려고 한다는 점에서 신이나 국가 혹은 지도자에
게 의존하는 것과 본질적으로 동일하다.

칼뱅의 신교와 '자유로부터의 도피'

칼뱅과 루터는 두 가지 점에서 큰 차이를 보인다. 첫 번째
는 예정설에 대한 입장 차이다. 예정설이란 구원받을 사람

은 신에 의해 예정되어 있다는 교리를 가리킨다. 아우구스티누스Aurelius Augustinus와 토마스 아퀴나스Thomas Aquinas 그리고 루터도 예정설을 주장했지만, 이들에게 예정설은 중심적인 교리가 아니었다. 이에 반해 칼뱅은 예정설을 중심교리로 삼았다.

칼뱅에 따르면, 사후에 구원받을 것인지 영원한 천벌을 받을 것인지는 이 세상에서 행한 선행이나 악행에 의해서 결정되는 것이 아니라 인간이 이 세상에 태어나기 전부터 신에 의해서 예정되어 있다. '신이 왜 어떤 사람에게는 은총을 베풀고 어떤 사람에게는 천벌을 내리는가'라는 문제는 인간이 탐구해서는 안 되는 비밀이다. 신은 오직 자신의 무한한 힘을 내보이고 싶기 때문에 그렇게 할 뿐이다.

칼뱅은 신을 정의와 사랑의 존재라고 말하기는 하지만, 그가 마음속에 실제로 생각하고 있던 신은 사랑은커녕 의로움마저도 결여하고 있는 전제군주와 유사하다. 믿음이나 소망보다 사랑을 최고의 덕으로 보았던 신약성서와 달리, 칼뱅은 사랑이 최고의 덕이라는 사실을 부정한다. 중세 가톨릭은 믿음이나 소망보다도 사랑이 제일이라고 보지만, 이러한 견해는 병적인 상상력에서 비롯된 망상에 불과하다는 것이다.

언뜻 보기에 칼뱅의 예정설은 불안과 무력감을 완화하거나 극복하기보다는 오히려 그것을 심화시키는 것처럼 보인다. 그러나 칼뱅과 그를 따르는 자들은 자신들이야말로 택함을 받았다는 확신에 차 있었다. 이러한 확신에 차 있을 경우, 예정설은 오히려 흔들릴 수 없는 마음의 평안을 제공한다. 자신의 구원은 그 어떠한 것에 의해서도 변경될 수 없기 때문이다.

칼뱅과 루터 사이에 존재하는 또 다른 큰 차이점은 칼뱅이 도덕적인 노력과 고결한 삶의 중요성을 역설하고 있다는 점이다. 칼뱅에 따르면 개인은 그 어떠한 행위를 통해서도 구원을 얻을 수는 없지만, 열심히 노력할 수 있다는 바로 그 사실이야말로 그가 구원을 받은 인간이라는 사실을 증거하는 것이다. 그러한 노력의 결과로 거두는 세속적인 성공도 구원의 징표라는 사상은 칼뱅주의가 전개되는 과정에서 중요한 교리로 자리 잡게 된다. 칼뱅주의는 장로교라는 형태로 우리나라 기독교계에서 지배적인 지위를 점하고 있다. 우리나라의 장로교에서도 세속적인 성공을 하느님의 은총으로 보는 경향이 있다.

그런데 이러한 교리는 인간의 노력은 그의 구원에 아무런 도움도 되지 않는다는 예정설과 모순되는 것처럼 보인다. 차라리 아무런 노력도 하지 않는 숙명론자의 태도가 예정설과 훨씬 더 부합하는 것처럼 보인다. 그러나 심리학적으로 고찰하면 전혀 그렇지 않다. 칼뱅의 신봉자들은 열광적인 활동과 성공을 향한 노력을 통해 중세사회가 붕괴하고 자본주의가 대두하면서 자신들이 처하게 된 불안하고 무력한 상황에서 벗어나려고 했다. 이러한 활동은 자발적인 것 같지만 사실은 강박적인 성격을 갖는다. 불안과 무력감을 극복하기 위해 노력하고 활동하지 않을 수 없게 되는 것이다. 이러한 노력과 활동은 자발적이고 능동적인 것이 아니라 불안에서 벗어나려는 필사적인 몸부림이다.

칼뱅주의자들의 성격 구조를 형성하는 열정과 태도, 즉 쉬지 않고 일하려는 충동, 절약과 검소한 삶을 향한 열정, 초개인적인 목적을 위한 도구가 되려는 경향, 금욕주의, 강박적인 의무감이야말로 자본주의를 발전할 수 있게 한 동력으로 작용했다. 만일 사람들이 칼뱅주의자처럼 에너지 대부분을 노동과 사업에 쏟지 않았다면 분명히 자본주의는 발전하지 못했을 것이다. 인간이 노동과 사업에 그렇게 모든 에너지를 쏟아 부은 적은 없었다.

자본주의의 발전과 칼뱅주의의 긴밀한 연관에 대한 프롬의 분석은 막스 베버가『프로테스탄티즘의 윤리와 자본주의 정신Die protestantische Ethik und der Geistes des Kapitalismus』에서 행하고 있는 분석과 매우 유사하다.

근대적인 양심의 본질

루터의 종교개혁은 그 당시 몰락 위기에 처해 있던 하층 중산계급이 가졌던 불안과 무력감뿐 아니라 상층계급에 대한 적개심과 원한을 반영하고 있다. 이들은 자신들이 현세에서 받고 있는 고통 때문에 자신들만이 천국에 갈 수 있지만, 현세에서 향락에 빠져 있는 부유층은 지옥에 떨어질 것이라고 확신했다.

루터의 시대에서 히틀러 시대에 이르기까지 하층 중산계급은 이러한 적개심과 시기심에 사로잡혀 있었다. 그들은 부와 권력을 소유하고 향락에 빠져 사는 자들에 대한 적개심과 질투심을 종교적이고 도덕적인 의분義憤으로 합리화했다. 프롬은 증오나 시기심은 '종교적·도덕적 의분'으로 위장할 때 가장 파괴적으로 나타난다고 본다. 이는 '종교적·도덕적인 의분'에 사로잡힌 사람들은 이른바 '타락한' 인간들을 아무런 양심의 가책도 느끼지 않은 채 잔인하게 공격하고 살육할 수 있기 때문이다.

칼뱅주의자들 역시 칼뱅주의자들이 아닌 자들에 대한 의심과 적개심으로 차 있었다. 그러한 적개심은 영원한 천벌을 예정한 무자비한 신에 대한 관념에서 가장 전형적으로 나타난다. 이러한 사실을 증명하듯 제네바에서 칼뱅이 행한 전제정치에는 사랑이나 동정은 존재하지 않았다. 그리고 칼뱅주의가 전개되는 과정에서 이방인들과 가난한 사람들에 대한 의심과 냉정한 태도가 뚜렷하게 나타나고 있다. 칼뱅주의자들은 자신들이야말로 진정으로 택함을 받았으며, 다른 사람들은 모두 신의 저주를 받았다고 믿었다. 그들의 신앙은 다른 인간들에 대한 심한 멸시와 증오를 포함하고 있었다.

그런데 증오와 적개심은 종교적이고 도덕적인 의분이라는 형태로 다른 사람에게 표출될 수도 있지만 자기 자신을 향할 수도 있다. 루터와 칼뱅은 인간의 사악함을 강조하면서 자기 비난과 자기 비하야말로 모든 도덕의 기반이라고 가르쳤다. 그러나 자기 비난과 자기 비하는 겸손함보다는 자신에 대한 극심한 증오에 뿌리를 내리고 있다. 그러한 증오는 다른 사람이 아닌 자기 자신을 향하고 있을 뿐이다.

자신에 대한 이러한 증오와 적개심은 자신의 몸을 학대하는 경우처럼 극히 병리적인 경우 외에는 보통은 의식되지 못한다. 따라서 그것은 미화되고 합리화된 형태로 나타난다. 이는 타인에 대한 증오와 적개심이 타인의 사악함에 대한 종교적·도덕적인 의분의 탈을 쓰고 나타날 수 있는 것과 마찬가지다. 자신에 대한 증오나 적개심은 자신의 사악함과 무력함을 강조하는 방식으로 나타나거나 양심의 가책이나 의무감이라는 형태로 나타나는 것이다.

물론 자신에 대한 증오와 적개심과는 무관한 진정한 겸손이나 순수한 양심의 가책 그리고 의무감이 존재한다. 그러나 종교개혁 이후 오늘날에 이르기까지 근대인의 삶을 깊이 규정하고 있는 양심의 가책이나 의무감은 다분히 자신에 대한 증오와 적개심에서 비롯된다. 이 경우 '양심'이라는 것은 인간이 자진해서 자신의 마음속에 끌어들인 노예 감독자에 불과하다. 그러한 양심은 쾌락이나 행복을 금하면서 사람들로 하여금 죄를 참회하는 데 삶 전체를 바치게 만든다. 이것은 특히 칼뱅주의와 청교도에 특유한 '금욕주의'의 기반이기도 하다.

사람들은 보통 권위라고 하면 종교지도자나 정치지도자가 갖는 외적인 권위를 생각한다. 그러나 권위는 의무나 양심이라는 내적 권위로도 나타날 수 있다. 프로테스탄티즘에서부터 칸트 철학에 이르는 근대 사상의 전개는 내적 권위가 외적 권위 대신에 들어서는 과정이라고 볼 수 있다. 프랑스혁명 이후 신흥 중산계급이 정치적 승리를 거두면서 외적 권위는 붕괴되었으며, 양심이라는 내적인 권위가 사람들을 지배하게 되었다. 이러한 변화는 흔히 자유의 승리로 간주되었지만, 양심은 외적 권위 못지않게 냉혹한 지배자다.

칸트는 양심의 소리를 천부적인 것으로 보았지만, 그것은 사회적인 요구가 내면화된 것에 지나지 않는 경우가 많다. 양심의 지배는 외적 권위의 지배보다 훨씬 더 강력할 수 있다. 이는 사람들이 양심의 명령을 자기 자신의 명령으로 느끼기 때문이다. 사람들은 외적 권위에 거슬리는 행동을 할 경우에 죄책감을 품지 않았을 수 있다. 그러나 양심의 명령을 어긴 사람은 평생에 걸쳐 죄책감에 시달리면서 살 수도 있다.

금욕주의가 빚어낸 자기 비하와 자기 학대

칼뱅주의가 갖는 금욕주의적 성격과 양심의 가책에 대한 프롬의 분석은 니체가 『도덕의 계보^{Zur Genealogie der Moral}』에서 전개하고 있는 금욕주의와 양심의 가책에 대한 분석과 매우 유사하다. 니체는 금욕주의가 성욕과 같은 인간의 자연스러운 욕망을 억압함으로써 인간을 병적으로 만든다고 보았다. 이러한 금욕주의는 양심의 가책과 불가분의 관계에 있다. 사람들은 자신의 자연스러운 욕망을 악으로 보면서 그것을 근절하지 못하는 자신에 대해 죄책감을 느낀다.

또한 니체는 이러한 양심의 가책은 인간이 자신의 능동적인 힘을 외부로 표출하지 못할 때 그러한 힘이 자신에 대한 학대로 나타난 것이라고 본다. 자신의 내면을 향한 이러한 공격은 자기 자신을 감시하고 자신을 학대하는 방식으로 이루어진다. 이에 따라서 인간의 내면세계는 자신을 감시하는 양심과 감시당하는 본능과 욕망으로의 자기분열이 일어난다. 그리고 인간은 자신의 양심이 자신의 본능과 욕망을 잔인하게 억누르고 학대하는 데서 쾌감을 느끼게 된다.

프롬과 마찬가지로 니체도 금욕주의는 삶에 대한 불쾌하고 괴로운 느낌을 극복하기 위한 병적인 방식이라고 본다. 불쾌감과 고통을 느낄 때 우리는 이러한 감정의 원인을 발견하는 데 무서울 정도의 독창성을 발휘한다. 우리는 보통은 친구나 아내, 자식이나 자신과 가까운 누군가를 이러한 불쾌감과 고통을 유발하는 원인으로 만든다. 그러나 금욕주의자들은 불쾌감과 고통의 원인을 자기 자신에게서 찾는다.

이 경우 사람들은 자신이 삶에서 느끼는 생리적인 고통과 불쾌감의 원인을 자신이 지은 죄에서 찾으면서 자신이 느끼는 고통과 불쾌감을 죄에 대한 벌로 이해한다. 더 나아가서 사람들은 자신을 죄인으로 단죄하고 학대하면서 자신을 더욱 괴롭히게 된다. 이렇게 자신을 괴롭히는 방식으로 능동성을 회복하면서 이전에 자신을 누르고 있던 의기소침과 피로감 그리고 중압감을 극복한다.

칼뱅주의가 근면한 노동을 찬양했던 것처럼 니체는 근면한 노동 역시 삶에서 느끼는 불쾌감과 불안에서 도피하는 금욕주의적 방법의 하나라고 본다. 기계적인 근면한 노동에 엄격한 규칙성, 꼼꼼하면서도 생각 없는 복종, 철저하게 짜인 시간과 같은 것이 수반될 때, 그것은 삶에서 느끼는 불쾌감과 불안을 완화하는 데 더욱 도움이 된다. 노동이 신성시되고 있는 오늘날에는 이러한 방법이 특히 많이 사용되고 있다. 오늘날 많은 사람이 가정보다도 일, 자신의 행복보다도 일의 성취를 중시하는 일 중독증에 빠져 있다. 니체는 이러한 일 중독증도 사실은 고통을 완화하기 위해서 우리가 택하는 주요한 방법 중의 하나로 본다.

니체는 이러한 금욕주의야말로 유럽인의 정신건강에 가장 파괴적인 영향을 끼쳤다고 본다. 니체는 광범하게 퍼져 있는 금욕주의의 영향력을 이렇게 표현했다.

멀리 떨어진 별에서 읽는다면, 지구에서의 우리의 삶을 나타내는 머리글자는 아마도 다음과 같은 결론을 내리도록 이끌 것이다. 즉 지구는 분명히 금욕주의적 별이다. 자신에 대해, 지구에 대해, 모든 생명에 대한 심한 메스꺼움으로 가득차 있고, 자신에게 고통을 가하는 것을 즐기면서—아마도이것이 그들의 유일한 즐거움일 것이다—자신에게 가능한한 많은 고통을 주는 피조물들, 즉 불만에 가득 차 있고 오만하며 끔찍한 피조물들의 은둔처일 것이라고.

"유럽은 거대한 정신병원이다." 이것이 당시의 유럽에

대해서 니체가 내린 진단이다.

루터는 전제군주적인 성격의 신에게 무조건적으로 복종함으로써 자신의 구원에 대한 절대적인 확실성을 얻고자 했지만, 자신의 불안과 무력감을 완화하거나 은폐할 수 있었을 뿐이다. 그러나 그는 자신이 겪는 불안과 무력감이 자신의 신앙심이 부족한 데서 비롯된다고 착각하면서 신에게 더욱 철저하게 복종하려고 했다. 칼뱅의 예정설은 구원에 대한 절대적인 확신을 보장한 것처럼 보이지만, 불안과 무력감은 여전히 이러한 확신의 배후에 남아 있었다. 따라서 칼뱅주의자들은 자신들이 속해 있는 종교집단이야말로 신에 의해서 선택된 자들의 집단이라고 광신적으로 믿음으로써 그러한 불안과 무력감을 거듭해서 잠재워야만 했다.

이기주의와 이타주의 그리고 자기애

우리는 앞에서 루터주의자와 칼뱅주의자는 자기희생적이고 금욕주의적이라는 사실을 보았다. 이러한 사실은 근대인이 자기희생과 금욕보다는 극단적인 이기주의를 추구한다는 사실과 모순되는 것처럼 보인다. 그러나 프롬은 이 양자는 전혀 모순되는 것이 아니라고 본다. 자기희생과 금욕주의 그리고 극단적인 이기주의는 서로를 요구할 수 있다.

프롬은 이기주의와 진정한 의미의 자기애自己愛를 구별한다. 이기주의는 자신에게 만족하지 못하는 인간이 신의 은총이나 부나 명예와 같은 외적인 것을 가능한 한 많이 소유함으로써 자신의 불만족스러운 상태를 극복하려는 시도다. 오히려 자신에게 만족하면서 자신을 사랑하는 인간은 외적인 것을 탐욕스럽게 소유하려 하지 않고 다른 사람들에게 자신의 내적인 풍요를 나누어주려고 한다. 따라서 자신에 대해 불만을 품고 자신을 증오하는 사람이 아니라 자신에게 만족하고 자신을 사랑하는 사람만이 남을 사랑할 수 있다.

따라서 만일 어떤 사람이 다른 사람을 위해 자신을 희생하는 것을 사랑이라고 여긴다면, 그는 전혀 사랑할 줄 모르는 사람이다. 이러한 사람은 자신이 자신을 소중하게 생각하지 않고 다른 사람을 위해서 사는 것을 자랑한다. 그러나 그는 이러한 이타주의에도 불구하고 불행하다. 그는 사랑하고 즐기는 능력이 마비되어 있고 삶에 대한 적의로 가득 차 있다. 그의 이타주의 이면에는 다른 사람에 대한 미묘하지만 매우 강렬한 증오와 적대감이 숨어 있다.

다른 사람에 대한 사랑과 우리 자신에 대한 사랑은 서로 모순되는 것이 아니다. 오히려 자기 자신을 사랑하는 태도는 다른 사람을 사랑할 줄 아는 모든 사람에게서 발견된다. 자신을 사랑하는 법을 모르는 사람은 남을 사랑하는 법도 모른다. 다시 말해서 자신이 어떻게 하면 행복하고 성숙할 수 있는지 알면서 스스로 행복하고 성숙한 사람만이 다른 사람을 행복하게 하고 성숙하게 할 수 있다. 사랑이 다른 사람의 행복과 성장에 대한 관심이라면, 그러한 사랑은 자신의 행복과 성장에 대한 사랑과 모순되지 않으며 오히려 양자는 서로를 요구한다.

자유로부터
도피하는 네 가지 방식

마조히즘, 자기 외부의 강력한 힘에 대한 복종

프롬은 자유로부터 도피하기 위해 근대인들이 택하는 방식들을 분석하고 있다. 그중 가장 대표적인 것이 마조히즘masochism이다. 원래 마조히즘이란 용어는 사디즘sadism과 마찬가지로 성과 관련된 용어다. 성행위는 서로 사랑을 느끼지 않는 상태에서 행해지는 경우에도 생명의 표현이며, 서로에게 쾌락을 주며 서로를 함께 소유하는 행위다. 그러나 상대방에게 상처를 주고 상대방을 경멸하고 지배하는 방식으로 성행위가 행해지거나 상대방에게서 학대받고 싶어하는 방식으로 성행위가 행해질 때, 그것은 도착적인 성행위가 된다. 그러한 행위가 도착적이라고 불리는 이유는 그것이 사람들에게 본래 존재하는 생명 지향적인 충동을 생명을 저해하는 충동으로 왜곡하기 때문이다.

오늘날에는 성적으로 지배하고 싶은 욕망이든 학대받고 싶은 욕망이든 자신의 욕망에 따르는 것은 당사자의 권리이기 때문에 마조히즘이나 사디즘도 존중되어야 한다는 극단적인 자유주의적 입장이 유행하고 있다. 따라서 프롬처럼 그것을 병적이고 도착적인 성행위로 보는 사람을 고리타분하다며 비웃는다. 그러나 프롬은 모든 욕망이 다 바람직스럽고 합리적인 것은 아니라고 본다. 어떤 욕망은 다른 인간까지는 아니더라도 그러한 욕망에 사로잡혀 있는 그 자신을 해치고 그의 발달을 저해할 수 있다.

프롬에 따르면, 마조히즘이나 사디즘이 '개인적인 취향의 문제'에 불과하다고 주장하는 사람들은 마조히즘이나 사디즘에서 무엇이 진정으로 문제가 되는지 꿰뚫어 보지 못하고 있다. 마조히즘이나 사디즘에서 진정으로 문제가 되는 것은 성적으로 지배하거나 학대받는 행위에서 쾌감을 느끼는 사람은 마조히즘적인 성격이나 사디즘적인 성격을 가지고 있다는 점이다. 그들은 다른 사람의 지배를 받고 싶어 하거나 다른 사람을 지배하고 그에게 상처를 주고 싶어 하는 강력한 욕망에 사로잡혀 있는 것이다.

　마조히즘은 자기 외부의 강력한 힘에 복종함으로써 혼자서는 견딜 수 없는 고독감과 무력감 그리고 허무감을 극복하려는 시도다. 이런 의미의 마조히즘은 사디즘과 마찬가지로 단순히 성과 관련해서뿐 아니라 사회적이며 종교적인 차원을 비롯한 삶의 모든 차원에서 나타나고 있다. 독일의 신학자이자 철학자 슐라이어마허Friedrich Ernst Daniel Schleiermacher는 종교적 경험을 '절대적 의존의 경험'이라고 정의했는데, 이러한 정의에서 종교는 마조히즘적인 현상으로 이해되고 있다. 더 나아가 프롬은 마조히즘은 운명이나 병, 음악이나 마약 또는 최면에 의한 황홀경에 대한 예속으로 나타날 수 있다고 본다.

　마조히스트는 자신보다 강력한 힘의 일부가 되는 방식으로 자신을 확대함으로써 하나의 독립적인 개인으로서는 가질 수 없던 힘을 얻게 된다. 또한 그는 외적인 권위든 내면화된 양심이든 그것을 주인으로 섬김으로써 스스로 결단을 내리는 일에서 해방된다. 즉 자신의 운명에 대해서 최종적으로 책임지는 일에서 해방되는 동시에 삶의 의미에 대한 회의에서도 해방된다. 그러나 마조히스트는 이러한 심리적 안정감과 삶의 확고한 의미를 얻는 대가로 자기 자신을 비하하고 괴롭혀야만 한다. 그는 고통을 원하지는 않지만, 심리적인 안정감과 삶의 확고한 의미를 얻기 위해서 고통이라는 값비싼 대가를 치러야만 하는 것이다.

사람들이 흔히 자기희생으로 찬양하는 행위도 마조히즘적인 열망에서 비롯된 것일 수 있다. 물론 경우에 따라서 자기희생은 긍정적이고 생산적인 의의를 가질 수 있다. 이런 맥락에서 프롬은 진정한 의미의 자기희생과 병적인 자기희생을 구분한다.

우리의 몸이 욕망하는 것과 우리의 정신이 지향하는 이상은 서로 충돌할 수 있다. 우리의 몸은 생존을 원하지만, 우리의 정신은 자신이 추구하는 이상을 실현하기 위해서 자신의 몸을 희생해야 할 수 있다. 자신의 인격을 완전하게 실현하기 위해 경우에 따라서 자신의 육신을 희생해야만 한다는 것은 인생의 비극적인 사실 중 하나다. 설령 최고의 이상을 위해 자신의 육신을 희생하더라도 죽음은 결코 달콤하지 않으며 고통스럽기 때문이다. 그러나 자신의 육신을 버리는 것이 고결한 인간이 되기 위해 불가피한 것이라면, 그것은 자기 자신에 대한 최고의 긍정이 될 수도 있다.

그러나 이러한 희생은 광신적인 종교나 이데올로기가 가르치는 희생과는 근본적으로 다르다. 이러한 희생이란 자신을 실현하고 완성하기 위한 행위가 아니라, 그 자체가 목적이 된다. 이러한 마조히즘적인 희생은 삶의 의미를 자아의 절멸에서 찾는다.

프롬은 근대의 마조히즘적인 속박을 전근대사회의 속박과 구별하고 있다. 전근대사회에서의 속박은 개인의식이 나타나기 전에 존재했다. 전근대사회에서 사람들은 신분이나 가문처럼 자신이 속한 집단의 일부분이었으며 아직 자신의 집단에서 완전히 해방되지 못했다. 이러한 속박은 그들에게 안정감을 부여했다. 이에 반해 근대에 개인주의의 대두와 함께 출현하게 된 마조히즘적인 속박은 일종의 도피행위다. 자아를 마조히즘적 속박에 내맡김으로써 자신의 개성과 주체성을 망각하는 방식으로 안정감을 찾으려고 하는 것이다.

그러나 이러한 시도는 결코 성공할 수 없다. 근대인이 이룩한 개성의 자각은 은폐되고 억압될 수 있을 뿐, 결코 제거될 수 없다. 그가 자신과 동일시하는 권력과 그 자신은 결코 하나가 될 수 없으며, 양자 사이에는 근본적인 대립이 존재한다. 그에게는 비록 의식적인 형태로는 아닐지라도 마조히즘적인 의존을 극복함으로써 하나의 독립적인 개인이 되려는 충동이 남아 있다.

이 때문에 마조히스트는 자신이 복종하는 힘에 대해서 적개심을 갖는다. 이러한 사실은 마조히스트가 믿고 있던 권위가 약점을 드러내게 되면, 그 권위에 대한 사랑과 존경이 곧바로 경멸과 증오로 변하게 된다는 데서도 확연히 드러난다. 히틀러나 스탈린은 국민들로부터 엄청난 사랑을 받았지만, 그들의 잔학한 면모가 드러나자 국민들은 그들을 곧바로 혐오하게 되었다.

사디스트만이 자신이 지배하는 인간에 대해서 적개심을 갖는 것이 아니라 마조히스트도 자신을 지배하는 대상에 대해서 적개심을 갖는다. 다만 사디즘에서 적개심은 사디스트적인 행위를 통해 의식적이고 직접적으로 나타나는데 반해, 마조히즘에서는 은폐되고 억압되어 무의식적이고 간접적으로 나타난다는 점이 다를 뿐이다.

사디즘, 절대적으로 지배하려는 열망

근대인들이 자유로부터 도피하기 위해서 택하는 방식 중

의 하나는 사디즘이다. 프롬은 사디즘의 본질은 동물이든 어린아이든 살아 있는 것을 절대적으로 지배하려는 열정이라고 본다. 네로나 연산군 같은 폭압적인 군주들뿐 아니라 모든 사람은 자신들보다 무력한 사람들을 지배할 수 있다. 현대사회를 포함하여 대부분의 사회에서는 하층계급의 사람들도 자신들에게 종속되어 있는 사람들을 지배할 수 있다. 가정에서는 어린아이나 아내 혹은 동물, 사회에서는 종교나 인종상의 무력한 소수, 감옥의 수감자, 부유하지 않은 입원 환자(특히 정신병 환자), 학교의 학생, 회사의 부하가 그렇게 지배되는 대상이 될 수 있다.

아울러 사디즘은 단순히 다른 인간을 육체적으로 괴롭히고 지배하는 형태로만 나타나지 않는다. 오히려 다른 사람의 감정을 상하게 하고 정신적으로 고통을 주려는 정신적인 잔혹성이 육체적 사디즘보다 더 광범위하게 나타나고 있다. 이러한 유형의 공격은 육체적인 힘이 아닌 말이나 무시하고 경멸하는 무언의 태도를 통해서 행해지기 때문에 사람들은 그것을 크게 해롭지 않은 것으로 보는 경향이 있다. 그 결과 정신적인 사디즘은 육체적인 사디즘보다도 훨씬 광범하게 행해지고 있다. 그러나 정신적인 사디즘이

유발하는 고통은 육체적 고통과 동일한 정도로, 혹은 그 이상으로 클 수 있다. 정신적인 사디즘은 사디스트에 대하여 자신을 지킬 수 없는 자가 있는 경우라면 어디든 나타난다. 따라서 교사가 무력한 학생들에 대해서 사디스트가 될 수도 있지만, 교사가 무력한 경우에는 학생들이 종종 사디스트가 될 수도 있다.

사디즘적인 성격의 소유자는 오직 힘만을 찬양한다. 그는 힘을 가진 사람들을 숭배하고 사랑하며 그들에게 복종하는 대신에, 힘을 갖지 못하여 반격할 수도 없는 사람들은 경멸하고 지배하려고 한다. 사디스트가 갖는 또 다른 특성은 무력한 자에 의해서만 자극을 받고 강한 자에 의해서는 자극을 받지 않는다는 점이다. 예를 들어 그는 자신과 대등한 자와 싸우고 있을 경우에는 상대방에게 상처를 입히더라도 아무런 쾌락을 맛볼 수 없다. 이 경우에 그는 상대에게 아무리 큰 상처를 입히더라도 자신이 그를 지배하고 있다고 느낄 수 없기 때문이다.

사디즘 역시 마조히즘과 마찬가지로 내면에서 겪고 있는 불안이나 무력감을 극복하기 위한 몸부림이다. 다른 생물이나 인간을 절대적으로 지배하는 방식을 통해 자신의 힘을 느끼고 싶어 하며, 이를 통해 불안에서도 벗어나고 싶은 것이다. 그러나 이들이 느끼는 힘은 사실은 진정한 힘이 아니다.

이런 맥락에서 프롬은 힘이 나타날 수 있는 두 가지 형태를 구별하고 있다. 힘은 한편으로는 다른 사람을 지배할 수 있는 능력으로 나타날 수 있는 반면에, 다른 한편으로는 어떤 일을 할 수 있는 능력으로 나타난다. 이 후자의 힘이야말로 진정한 힘이며 다른 사람에게 의지하지 않고서도 스스로 자신의 잠재력을 실현할 수 있는 힘이다. 이러한 힘의 소유자는 남들을 지배할 필요를 느끼지 않으며 그들을 지배할 수 있는 힘을 갈망하지도 않는다.

사디스트는 어떠한 사태에 대해서도 독자적으로 의연히 대응할 수 있는 진정한 힘을 결여하고 있다. 따라서 그는 불확실하고 예측할 수 없는 모든 것, 그에게 뜻밖의 공격을 가해 오면서 자발적이고 독창적인 반작용을 강요하는 모든 것을 두려워한다. 따라서 그는 생명을 두려워한다. 생명은 원래 예측이 불가능하며 불확실한 성격을 갖기 때문이다. 생명에는 살아 있는 구조는 있으나 죽어 있는 고정된 질서는 없다. 사랑도 마찬가지로 불확실한 것이다. 내가 어떤 사람을 사랑하고 있어도 그 사람은 나의 사랑을 거부할 수 있는 것이다.

따라서 사디스트는 그가 다른 사람을 지배할 경우에만 그 사람을 사랑할 수 있다. 이와 함께 사디스트는 보통 이방인과 새로운 것을 싫어한다. 낯선 사람들이나 새로운 것은 자발적이고 틀에 박히지 않은 생생한 반응을 요구하기 때문에 두려움과 의혹 그리고 혐오감을 불러일으키는 것이다. 이들에게 여성은 이해하기 어려운 낯선 존재이기 때문에 이들은 여성을 비하한다.

사디스트는 다른 사람의 반응을 불러일으켜 자신을 사랑받는 인간으로 만들지 못하는 자신의 무능력 때문에 깊은 내면으로부터 괴로워하고 있다. 그는 이러한 무능력을 보상하기 위해서 자신을 다른 사람 위에 군림하는 신처럼 느끼고 싶어 한다. 그러나 아무리 다른 인간들을 고문하고 죽여도, 그는 자신이 사랑하고 사랑을 불러일으킬 수 있는 능력을 결여한 고독하고 무력한 인간이라는 느낌에서 벗어날 수 없다. 따라서 그는 자신보다 더 높은 힘에 복종함으로써 그러한 고독감과 무력감에서 벗어나려고 한다.

이 경우 그들은 자신들이 복종하는 권위가 두려워서 권

위에 복종하는 것이 아니다. 그들은 권위가 아니라 생명을 두려워하고 있기 때문에 생명 대신 권위에 복종하는 것이다. 이런 의미에서 사디스트가 갖는 또 하나의 특성은 복종적이라는 점이다. 사디스트가 복종적인 인간이라는 사실은 모순이라고 생각될지 모르지만, 그것은 모순이 아니라 필연적인 것이다. 히틀러에게 복종하는 사람들에게는 총통이 최고의 힘이었다. 히틀러 자신에게는 추상적인 독일 민족이 최고의 힘이었다.

사디즘과 마조히즘의 공생

사디즘과 마조히즘은 정반대의 행태를 보이지만 그것들은 하나의 근본적인 상태, 즉 불안과 무력감에 사로잡혀 있는 상태가 나타날 수 있는 두 가지 방식에 불과하다. 사디스트도 마조히스트도 자신의 무능력을 '보완하기' 위해 다른 사람을 필요로 한다. 사디스트는 다른 사람을 자신의 도구로 삼는다. 마조히스트는 자신을 다른 사람의 도구로 만든다. 양자 모두 자신 안에 중심을 가지고 있지 않기 때문에 서로에게 의존한다.

프롬은 이렇게 서로 의존하는 관계를 공생관계共生關係라

고 부른다. 이와 관련하여 프롬은 우리가 곧 보게 될 파괴적 인간인 네크로필러스적인 인간과 사디스트를 구분한다. 파괴적인 인간은 대상을 파괴하고 제거하려고 한다. 이에 반해 사디스트는 대상을 지배하려고 하기 때문에 대상이 필요하며, 그것이 없으면 고통을 느낀다. 사디스트는 그의 희생자들이 볼 때는 자유롭고 독립적인 인간처럼 보인다. 그러나 그는 사실은 희생자들을 필요로 하며 그들에게 의존한다.

사디즘과 마조히즘은 서로 밀접하게 연관되어 있기 때문에 어떤 특정한 인간에게서 어느 한쪽의 성향이 더 강하게 나타나더라도 두 가지 성격을 다 갖고 있다고 말하는 것이 더 정확하다. 이러한 사도-마조히즘적인 성격의 소유자들은 아랫사람에 대해서는 군림하지만 윗사람에게는 복종하는 권위주의적 성향을 보인다.

많은 경우 사디즘은 친절이나 자비와 같은 것으로 위장한다. 그 결과 사디즘적인 경향은 사회적으로는 훨씬 해가 없는 마조히즘적인 경향보다 덜 의식되며, 많은 경우 다른 사람들에게 선의를 베풀고 그들을 배려하는 미화되고 합리화된 형태로 나타난다. 가장 많이 볼 수 있는 합리화는 다음과 같은 것이다.

나는 너에게 무엇이 최선인지 알고 있기 때문에 너를 지배한
다. 그리고 너는 너 자신의 이익을 위해 나를 따라야 한다.
나는 너무나 훌륭하고 뛰어난 인간이기 때문에 다른 사람들
이 나에게 의존하고 복종할 것을 기대할 수 있는 권리를 가
지고 있다.

물론 프롬은 이러한 친절이 전적으로 기만적이라고 생
각하지는 않는다. 철저하게 비인간적이 되는 것은 인류로
부터 자신을 전적으로 고립시킴으로써 자신이 인류의 일
부임을 전혀 느낄 수 없게 되는 것을 의미한다. 따라서 다
른 사람들에 대해서 친절함이나 다정함 그리고 친근함을
전혀 느낄 수 없다는 것은 결국 참을 수 없는 불안을 낳게
된다.

프롬은 이러한 사실을 입증하는 예로써 나치의 특수부
대에 소속되어 수천 명을 죽여야만 했던 사람들에게서 광
기나 정신이상 증세가 나타났다는 사실을 들고 있다. 나치
치하에서 상부로부터 대량 학살 명령을 받아 집행해야만

했던 많은 관리가 '관리병官吏病, Funktionärskrankheit'이라고 불리는 신경쇠약에 걸렸다. 인류와의 연대를 전적으로 포기하고 비인간이 된다는 것은 이렇게 극도의 정신적인 불안을 야기한다. 따라서 사람들은 다른 사람들에 대해 일말의 친절함이나 다정함을 유지하려고 하면서 자신이야말로 따뜻하고 친절한 사람이라는 믿음을 갖고 싶어 한다.

권위주의적인 성격이 지배하는 사회는 복종을 요구받고 있는 사람들의 독립성과 비판적인 사고능력 그리고 능동성을 약화시킨다. 이는 그러한 사회가 사람들에게 어떤 종류의 오락이나 자극도 허용하지 않는다는 것을 의미하는 것이 아니라 인격의 발달을 촉진하기보다 저해하는 오락이나 자극만을 제공한다는 것을 의미한다. 로마의 황제들은 사디즘적인 구경거리를 제공했고, 현대사회는 신문이나 텔레비전을 통해 범죄, 전쟁, 잔학 행위에 대해 줄기차게 보도하면서 동일한 구경거리를 제공한다.

성숙한 사람은 참된 사랑을 두려워하지 않는다

그러면 진정한 사랑은 사디즘이나 마조히즘과는 어떻게 다른 것인가. 사디즘과 마조히즘과 같은 공생적인 합일과 달리 진정한 사랑에서는 사람들이 각자의 개성을 유지하면서도 다른 사람과 합일한다. 진정한 의미의 사랑에서는 두 사람이 하나가 되면서 동시에 둘로 남아 있는 역설적 현상이 생겨난다. 그리고 이러한 사랑은 결코 한 사람에게 제한되지 않는다. 프롬이 말하는 사랑은 '한' 사람 내지 '하나의' 대상에 대한 관계가 아니라 세계 전체와의 관계를 결정하는 '태도', 곧 '특정한 성격'이다. 만일 내가 참으로 한 사람을 사랑한다면, 나는 모든 사람을 사랑하고 세계를 사랑하고 삶 자체를 사랑하게 된다. 한 사람을 진정하게 사랑한다는 것은 그 사람의 인간적인 핵심, 즉 인류와 삶을 대표하는 자로서의 그 사람과 관계하는 것을 의미하기 때문이다.

우리는 사랑을 통해서 다른 사람이 다른 어떤 것으로도 환원될 수 없는 독자적인 고유성과 존엄성 그리고 고귀함을 갖는다는 사실을 알게 된다. 그러한 사실은 그 사람을 아무리 객관적으로, 즉 과학적으로 고찰해도 드러나지 않으며 오직 사랑에 의해서만 드러나는 것이다. 이는 신의 숭고함이 신에 대한 어떠한 이론적 탐구를 통해서도 드러나지 않고 신과 합일되는 신비체험을 통해서만 드러나는 것과 마찬가지다. 이런 의미에서 프롬은 신을 파악하려는 신학의 논리적 귀결이 신비주의인 것처럼, 인간을 파악하려는 심리학의 궁극적 귀결은 사랑이라고 말하고 있다.

우리는 흔히 줄 때보다도 받을 때 더 큰 기쁨을 느낀다고 생각하지만, 오히려 주는 데서 큰 기쁨을 맛볼 수 있다. 남녀 사이의 성행위에서 남자는 자신을 여성에게 주며 자신의 성기와 정액 또한 여성에게 준다. 그가 만약 자신을 여성에게 줄 수 없다면 그는 큰 고통을 느낄 것이다. 여성도 남성에게 자신을 열어 받아들이면서 준다. 부모와 자식 사이의 관계에서도 부모가 자식에게 줄 수 없다면 부모는 큰 고통을 느낄 것이다. 어머니는 아이에게 자신의 젖과 체온을 주면서 기쁨을 느낀다.

물질적인 영역에서도 준다는 것은 자신이 부자임을 의미한다. 많이 갖고 있는 자가 부자가 아니라 많이 주는 자가 부자다. 조금이라도 잃어버릴까 걱정하는 자는 아무리 많이 갖고 있더라도 가난한 사람이다. 정도 이상의 가난은 주는 것을 불가능하게 한다. 따라서 가난은 가난으로 인해서 고통받기 때문이 아니라 가난한 자에게서 주는 기쁨을 빼앗기 때문에 고통을 준다.

인간은 물질뿐 아니라 자신의 기쁨, 관심, 이해, 지식, 유머를 줄 수 있다. 이렇게 자신을 줌으로써 타인을 풍요롭게 만들고 자신의 생동감을 고양시키면서 타인의 생동감도 고양시킬 수 있다. 이 경우 사람들은 받기 위해서 주는 것이 아니고, 주는 것 자체에서 큰 기쁨을 느낀다. 따라서 준다는 것은 다른 사람을 나에게 기쁨을 주는 자로 만들고, 두 사람 모두 보다 큰 생명력을 얻는 기쁨에 참여하는 것을 의미한다. 성실하고 진정한 관계 속에 있는 사람들은 항상 서로 주고받는다. 선생과 학생들 간의 관계에서도 선생은 줄 뿐 아니라 학생에게서 배우며, 배우는 관객에게 기쁨을 줄 뿐 아니라 관객에게서 자극을 받으며, 정신분석가도 환자를 치유할 뿐 아니라 환자에 의해서 치유된다.

어떤 사람이 주는 행위로서의 사랑을 할 수 있느냐 여부는 그 사람이 얼마나 인격적으로 성숙해 있느냐에 달려 있다. 그것은 인간이 의존성, 이기심, 타인을 착취하려는 욕망을 얼마나 극복하느냐에 달린 것이다. 이런 것들을 극복하지 않는 한, 인간은 사랑을 주는 것을 두려워한다. 타인을 존중하는 진정한 사랑은 내가 독립적으로 존재할 수 있을 경우에만, 다시 말해 남을 지배하고 착취하고 남에게 복종하지 않아도 자신의 삶에 만족할 수 있을 경우에만 가능하다. 그렇지 않을 경우 우리는 타인을 지배하고 소유하고 타인에 예속됨으로써 자신이 삶에서 느끼고 있는 불안과 공허감을 보상하려고 한다.

네크로필리아, 살아 있는 것을 파괴하려는 욕망

근대인들이 자유로부터 도피하기 위해 택하는 방식 중의 하나는 네크로필리아Necrophilia, 즉 파괴를 추구하는 것이다. 네크로필리아는 죽은 것, 부패한 것, 썩은 냄새를 풍기는 것, 병든 것에 열광적으로 끌리는 성격이다. 그것은 살아 있는 것을 죽은 것으로 만들려는 정열이며, 파괴 자체를 위해서 파괴하려는 정열이며, 살아 있는 것보다 기계적인 것을 선호하는 것이다. 앞에서 우리는 사도-마조히즘과 파괴적 성향은 서로 얽혀 있기는 하지만 양자 간에는 차이가 있다는 사실을 보았다. 파괴적 성향은 사디즘처럼 적극적인 공생이나 마조히즘처럼 소극적인 공생을 목표로 하지 않고, 그 대상을 절멸시키려고 한다.

사디즘이나 마조히즘과 마찬가지로 파괴적인 성향은 도저히 참을 수 없는 개인의 무력감이나 고독감에서 비롯된다. 파괴적인 인간은 외계에 대해서 자신이 느끼는 고독감과 무력감을 외계를 파괴함으로써 벗어나려고 한다. 사디즘은 다른 사람들을 지배함으로써 허약한 자기를 강화하려고 하는 반면에, 파괴성은 외계로부터 오는 모든 위협을 제거함으로써 자기를 강화하려고 한다. 물론 그는 외계를 파괴하더라도 여전히 고독하고 무력한 상태에 머물러 있다. 그러나 이때의 고독과 무력함은 외계의 압도적인 힘에 의해 제압되지 않는 고독이고 무력함이다.

마조히즘은 보통 자신이 복종하는 대상에 대한 충성이나 사랑 혹은 신앙으로 미화되고 합리화되며, 사디즘 역시 자신이 지배하는 대상에 대한 지도나 보살핌으로 미화되고 합리화된다. 이와 마찬가지로 파괴성 역시 파괴성으로 의식되지 않고 다양한 방식으로 미화되고 합리화된다. 인류에 대한 사랑, 애국심, 의무, 양심 등이 다른 사람들이나 자기 자신을 파괴하기 위한 명분으로 이용되는 것이다. 예를 들어 히틀러는 유대인 학살을 인류 전체를 위한 것으로 합리화했다.

파괴적인 인간은 살아 움직이는 구조보다는 '법과 질서'를, 자발적인 방법보다는 관료적인 방법을, 살아 있는 것보다는 인공적인 것을, 독창적인 것보다는 반복을, 풍부한 것보다는 말쑥하고 깔끔한 것을, 사용하는 것보다는 저장하는 것을 더 좋아한다. 그들은 생명의 자발성을 두려워하며 생명의 약동을 통제하려고 한다. 그들은 다른 생명을 제거하려고 할 뿐 아니라 자신의 생명도 가볍게 대한다. 그들의 용기는 죽음을 향한 용기다. 그러한 용기의 극단적인 예가 러시안룰렛이다. 프롬에 따르면, 지루하고 아무런 활기도 없는 상태에서 살아가는 조직 속의 인간들이 이러한 자극적인 도박을 택하는 것은 자연스러운 것이다. 프롬은 원자폭탄이나 수소폭탄의 제조나 미국의 높은 자동차 사고율 등도 사람들이 자신의 생명을 가볍게 대하는 태도의 증거라고 본다.

파괴적인 인간은 '자유롭게' 웃을 수 있는 능력을 결여하고 있을 뿐 아니라 일반적으로 얼굴의 움직임이나 표정이 없다는 특성을 보인다. 텔레비전을 보고 있거나 말하는 동안 얼굴의 움직임을 전혀 보이지 않는 사람들이 있다. 그가 미소를 짓더라도 그것은 사회적 관습이 요구하기 때문일 뿐이며 내면에서 우러난 것은 아니다. 그의 웃음은 실은 지어낸 웃음에 불과하고 생기가 없으며 정상적인 웃음이 갖는 기쁨에 넘치는 성질을 결여하고 있다. 따라서 이러한 인간은 이야기하는 것과 미소 짓는 것을 동시에 할 수 없다. 그들의 미소는 자발적인 것이 아니고 서투른 배우의 부자연스러운 몸짓처럼 계획된 것이기 때문이다.

비생명의 세계와 인간의 비인간화

프롬은 파괴적인 성격을 소유한 대표적인 인물로 히틀러를 들고 있다. 히틀러는 독일의 패망이 확실하게 되었을 때 파리를 파괴하라고 명령했다. 다행히 파리의 독일군 사령부는 이 명령에 따르지 않았다. 또한 히틀러는 패망을 목전에 두고 독일을 초토화하라는 명령을 내렸다. 적군이 독일을 점령하기 전에 배급카드, 혼인관계 서류, 주민등록, 은행계좌의 기록, 농장, 가축, 식량 등 삶을 유지하기 위해 필요한 모든 것과 기념비, 궁전, 성(城), 교회, 극장, 오페라극장 및 예술품까지도 완전히 소멸시키라는 명령이었다.

그러나 어떤 인간이 파괴적인 인간이라는 것, 다시 말해 악마적인 인간이라는 사실을 알아보기란 역시 쉽지 않다. 사람들은 보통 파괴적이고 악질적인 인간은 외관도 악마처럼 보일 것이라고 믿지만, 그런 경우는 매우 드물다. 강한 파괴성을 지닌 인물은 오히려 표면적으로는 부드럽고 예의 바르며, 가정과 어린이와 동물을 사랑하는 것처럼 행동한다. 히틀러 역시 평소에는 어린이와 동물을 사랑하는 모습을 보여주었다. 파괴적인 인간은 외관상으로는 선의와 따뜻함으로 가득 찬 인간으로 자신을 내보이면서 그러한 인간으로 인정받고 싶어 한다.

프롬은 이러한 부드러움과 선의가 위선만은 아니라고 본다. 우리가 사디즘의 예에서 보았던 것처럼 타고난 '도덕적 백치'나 광기에 빠지기 직전의 인간이 아닌 한, 부드러움이나 선의를 전혀 갖지 않은 인간은 없다. 이는 파괴적인 인간이라도 네크로필리아에 의해서 완전히 지배되는 인간은 없다는 것을 의미하며, 다만 그 비중이 얼마나 크냐가 문제라는 사실을 의미한다.

프롬은 나치즘을 비롯한 파시즘을 규정한 정신은 사도-마조히즘 못지않게 네크로필리아의 정신이라고 본다. 그런데 이러한 네크로필리아의 정신은 나치즘이나 2차 세계대전 당시에만 보였던 것은 아닐까? 오늘날의 풍요로운 산업문명에서는 인간 상호 간의 관용과 친절이 지배하고 있는 것은 아닐까? 그러나 프롬은 이러한 상호 간의 관용과 친절의 이면에 서로에 대한 냉철한 계산과 살아 있는 것보다 죽어 있는 정교한 인공물을 더 사랑하는 정신이 지배한다고 보고 있다.

더럽고 썩어 있으며 악취가 나는 것이나 죽은 것에 대한 사랑을 의미하는 원래의 네크로필리아는 오늘날에는 청결하고 번쩍거리며 많은 경우에 에로틱한 아름다움마저 갖추고 있는 정교한 인공물에 대한 사랑으로 나타나고 있다. 이러한 의미에서 프롬은 오늘날 생명의 세계는 '비非생명'의 세계가 되고 사람들은 '비인간'이 되었다고 말한다. 따라서 프롬은 20세기 후반을 지배하는 네크로필리아의 정신은 표면적으로는 미소와 친절을 보이면서도, 오히려 모든 것을 사물화하고 상품화하는 보다 세련되고 섬세한 네크로필리아라고 본다.

스스로 자동인형이 된 사람들

기계적 획일성이야말로 근대 사회에서 대다수의 정상적인 인간이 자유로부터 도피하기 위해서 취하는 해결 방법이다. 이는 인간이 자동인형처럼 되는 것이다. 즉 그는 사회가 요구하는 생각과 행동을 수동적으로 받아들인다. 그 결과 그는 다른 모든 사람과 전적으로 동일해진다. 이를 통해서

'나'와 외계 사이의 갈등은 사라지며 고독감과 무력감도 소멸된다. 그러나 그는 그 대신에 자아를 상실하게 된다.

독재체제는 사람들을 이렇게 자동인형으로 만들기 위해 위협과 공포를 사용하고 민주주의 사회는 암시와 선전을 이용한다. 물론 민주주의 사회에서는 다수의 의견을 소수가 비판하는 것이 합법적으로 보장되어 있다는 점에서 독재체제와는 다르지만, 그럼에도 민주주의 사회에서도 압도적으로 공통의 여론과 관행이 지배한다.

더 나아가 프롬은 오늘날의 민주주의 사회에서 사람들은 공통의 여론과 관행을 따르도록 강요받는 것 이상으로 스스로 그러한 여론과 관행에 따르려고 노력한다는 사실을 지적하고 있다. 아니, 사람들 대부분은 이렇게 여론과 관행에 따르려는 자신의 욕구조차도 의식하지 못한다. 사람들은 자신이 자신의 생각과 취미를 따르고 있다고 착각한다. 사람들은 자신의 의견이 다른 사람들의 의견과 일치하는 것은 우연일 뿐이고, 이러한 일치는 자신의 의견이 정당하다는 것을 입증한다고 생각한다.

현대인들은 자신들이 모두 평등하다고 생각하지만, 이러한 평등은 고귀하고 주체적인 인간들의 평등이 아니라 개성을 상실한 자동인형들의 평등일 뿐이다. 이러한 평등은 같은 일터에서 일하고, 같은 신문을 읽고, 같은 감정과 생각을 갖고 있다는 획일성을 의미한다. 현대의 대량생산이 상품의 규격화를 요구하는 것처럼 현대사회는 인간의 표준화를 요구하고 있으며, 이러한 표준화를 평등이라고 부르고 있다. 현대사회는 이렇게 개성이 사라진 평등을 이상적인 상태로 내세우면서 사람들에게 거대 집단 속에서 마찰 없이 일하는 원자적인 인간이 되도록 강요한다.

오늘날 칸트와 같은 사람이 말하는 도덕적 양심은 우리 삶을 규정하는 힘을 크게 상실했다. 이제 양심의 권위 대신에 과학적인 사실이라든가 여론이나 정부나 기업이 행하는 선전이나 광고와 같은 익명의 권위가 들어서게 되었다. 그러한 권위는 아무런 압력도 가하지 않고 우리를 부드럽게 설득한다. 예를 들어 담배 광고는 '이 담배를 한번 피워 보세요. 그러면 이루 말할 수 없는 상쾌한 기분을 느낄 것입니다'라고 암시한다. 이러한 미묘한 암시가 암암리에 우리의 모든 삶을 규정하고 있다. 이러한 익명의 권위는 '너는 이렇게 해야 한다'고 명령하면서 강압적으로 자신을 내세우는 공공연한 권위보다도 더욱 효과적이다. 왜냐하면

미묘한 암시에 따를 때, 사람들은 자신들이 어떤 외적인 권위에 따른다고 생각하지 않고 스스로가 선택하고 결정했다고 생각하기 때문이다.

독일인들은
왜 나치를 지지했는가

하층 중산계급의 불안과 원한

프롬은 근대인에게 존재해온 '자유로부터 도피하는 성향'
과 도피의 방법들에 대한 이상의 분석에 입각하여 나치즘
이 대두하게 된 원인을 분석한다.

나치즘에 대한 기존의 학문적 논의에서는 보통 두 가지
견해가 대립해왔다. 첫째는 나치즘을 경제적·정치적 현상
으로 보는 견해다. 둘째는 나치즘을 전적으로 병적인 심리
현상으로 보면서 심리학을 통해서만 나치즘을 제대로 설
명할 수 있다고 보는 견해다.

첫 번째 견해는 나치즘을 독일 제국주의의 귀결이라는
경제적 현상으로 보거나 자본가들과 프로이센의 토지 귀

나치 독일의 총통 히틀러
출처: Bundesarchiv, Bild 102-13166 / CC-BY-SA 3.0

족인 융커Junker들이 지원한 보수반동적인 한 정당이 국가
권력을 찬탈한 정치적 현상으로 본다. 이러한 견해는 나치
가 소수 상류층의 지원을 받아 교활한 책략과 강압으로 다
수 민중을 지배하게 되었다고 본다. 두 번째 견해는 나치즘
은 심리학에 의해서만, 특히 정신병리학에 의해서만 설명
할 수 있다고 주장한다. 이러한 견해에 따르면 히틀러는 광
기에 사로잡힌 자이거나 신경증 환자이며, 그를 따르는 사
람들도 그처럼 광기에 빠졌거나 이성을 상실한 자들이다.
나치즘이 승리하게 된 원인은 경제적인 상황이나 정치적
상황에 있는 것이 아니라, 당시 히틀러를 비롯한 독일인들
의 영혼이 병들어 있었기 때문이라는 것이다.

프롬은 나치즘이 하나의 심리적인 문제이기는 하지만, 대중의 심리는 경제적·정치적 요인과 불가분의 관계에 있기 때문에 위의 두 가지 견해를 종합해야 한다고 본다. 그러나 『자유로부터의 도피』에서는 심리학자로서 나치즘이 대중을 사로잡을 수 있었던 심리적 요인을 고찰하는 데 집중하고 있다.

나치즘이 대중의 마음을 사로잡을 수 있었던 심리적 요인을 고찰할 경우, 두 가지 종류의 심리 현상을 구별해야 한다. 하나는 나치즘의 열광적인 지지자가 아니면서도 나치 정권에 굴복한 사람들의 심리다. 다른 하나는 나치즘을 열광적으로 지지한 사람들의 심리다.

첫 번째 집단에는 노동계급과 자유주의적이거나 가톨릭적인 부르주아들이 속한다. 이 중에서도 특히 노동계급은 사회민주당과 공산당을 중심으로 한 훌륭한 반(反)나치 조직을 가지고 있었다. 그러나 노동계급은 소수를 제외하고는 히틀러가 정권을 장악하자 곧 나치즘에 대한 저항을 포기해버렸다. 프롬은 이를 노동계급 내에 만연해 있던 피로감과 체념에서 비롯된 것으로 보지만, 이것을 현대인들에게서 보이는 일반적인 특징이라고 본다. 피로감과 체념이 지배하는 상태에서 사람들은 고립되는 것에 대해 큰 두려움을 갖는다. 따라서 어떠한 정당이라도 일단 국가권력을 장악하게 되면 대다수 민중의 충성을 어렵지 않게 확보할 수 있다.

프롬은 나치즘을 열광적으로 지지한 집단을 주로 하층 중산계급에서 찾고 있다. 프롬은 하층 중산계급의 사회적 지위와 이러한 지위와 결부된 그들의 심리에서 그들이 나치즘을 열광적으로 지지한 원인을 찾는다. 즉 하층 중산계급은 자본가와 노동자 사이에 끼어 있는 계급으로서 자본가를 부러워하면서도 질시했으며, 노동자에 대해서는 상대적으로 우월감을 느끼면서 이들을 경멸했다는 것이다. 아울러 하층 중산계급은 자본가와 노동자 사이에서 이들에 의해 자신들의 안정된 지위가 위협받는다고 느꼈다. 따라서 하층 중산계급은 이들에 대해서 적개심을 갖고 있었고, 이러한 적개심을 도덕적인 의분으로 미화했다. 이들은 금욕주의적이어서 돈 쓰는 것에서뿐 아니라 감정표현에서도 인색했다. 또한 이들은 외국인들을 위험한 존재로 보면서 혐오했다.

하층 중산계급의 이러한 성격은 물론 1차 세계대전이

일어나기 전에도 존재했다. 그러나 1차 세계대전에서 독일이 패배한 후 극성을 떨치던 인플레로 가장 심한 타격을 받은 건 하층 중산계급이었으며, 그 결과 이들이 가졌던 편협한 성격은 한층 강화되었다. 나치즘은 하층 중산계급에 만연해 있던 불안과 원한을 최대한 이용하면서, 거대자본의 지배를 제거하고 노동자들의 단결된 조직을 파괴하겠다는 공약으로 하층 중산계급의 열렬한 지지를 확보했다.

이와 관련하여 프롬은 1차 세계대전 후 독일에 대한 연합국들의 처리가 나치즘이 대두하게 된 주요한 원인 중의 하나였다는 견해를 반박하고 있다. 실로 연합국들이 독일에 부과한 전쟁 배상금은 당시의 독일 경제가 감당하기 어려울 정도의 천문학적인 액수였다. 따라서 장차 독일인들의 원한을 심화시켜 새로운 전쟁을 초래할 수 있다는 우려를 낳기도 했다.

경제적 문화적 빈곤에 대한 보상

프롬 역시 대다수 독일인이 베르사유조약이 부당하다고 생각했다는 사실을 인정한다. 그러나 프롬은 그것에 대한 독일 내 각 계급의 반응은 동일하지 않았다고 본다. 중산계급은 베르사유조약에 저항했지만, 그렇게 강한 원한을 품고 있지는 않았다. 노동자계급도 군주정의 몰락과 함께 바이마르공화국이 들어서면서 그들의 경제적·정치적 지위가 상당히 향상했기 때문에 베르사유조약에 대해서 강한 원한이 없었다. 이에 반해 하층 중산계급은 베르사유조약에 대해서 강한 원한을 가지고 있었다. 프롬은 그 원인을 하층 중산계급이 자신들의 사회적 열등감을 국가에 투사하여 베르사유조약을 국가적인 치욕으로 생각했다는 점에서 찾고 있다.

히틀러는 하층 중산계급의 지지를 얻기 위해서 백화점을 없애고 금융자본을 비롯한 거대자본의 지배를 타파할 것을 약속했다. 물론 이러한 약속은 이행되지 않았다. 그러나 수십만의 소시민이 나치 관료기구의 일원이 되어 상층계급을 압박함으로써 그들의 부와 위신을 나누어 가질 수 있었다. 그들은 정상적인 상태에서는 도저히 재산이나 권력을 획득할 수 없었을 것이다. 그리고 나치 관료기구의 일원이 될 수 없었던 사람들에게는 유대인들과 정적들에게서 빼앗은 일자리가 제공되었다. 그리고 모두에게는 유대인들이나 공산주의자들에 대한 박해를 비롯한 갖가지 잔인한 구경거리가 제공되었다. 이러한 구경거리를 즐기고 다른 인종에 대해 우월감을 느끼면서 이들 하층 중산계급은 경제적으로나 문화적으로 빈곤하게 된 것을 보상받을 수 있었다.

히틀러와 일반 대중 사이의 관계는 우리가 위에서 살펴본 사도-마조히즘적인 관계 내지 권위주의적인 관계의 전형적인 예였다. 이러한 사실은 대중에 대한 히틀러의 생각에서도 잘 드러난다. 히틀러는 이렇게 말하고 있다.

대중이 바라는 것은 강자의 승리이며 약자를 절멸시키고 무조건 항복을 받아내는 것이다.

허약한 남자를 지배하기보다는 오히려 강한 남자에게 복종하고자 하는 여자처럼, 대중도 애원하는 자보다는 지배자를 사랑하며, 적을 관대하게 처분하기보다는 무자비하게 처단하는 교리에 더 끌린다.

아울러 히틀러는 대중 집회에 참여하는 개인들의 심리를 꿰뚫어 보면서 그것을 교묘하게 이용했다.

새로운 운동의 지지자가 되려고 할 때, 개인은 고독의 공포에 사로잡히기 쉽다. 그는 대중 집회에 참여함으로써 자신이 보다 큰 공동체에 속해 있음을 확인하면서 힘을 얻게 된다. 이러한 이유만으로도 대중 집회는 반드시 필요하다. 만일 한 개인이 자신의 작은 일터나 자신을 왜소한 존재로 느끼게 하는 대기업의 조직에서 벗어나 처음으로 대중 집회에 참여하면서 수천 명에 달하는 사람들과 일체감을 경험한다면, 그는 대중암시의 마술적인 영향에 굴복하게 된다.

특히 히틀러는 사람들이 피로감 때문에 판단력이 흐려지는 저녁 시간에 대중 집회를 열었다.

Q 묻고

A 답하기

'공감 능력 결여'라고 불리는 현대인들의 성향이나 '아스퍼거증후군'이라고 하는 의학적 질병과 같은 비사회적 성향 또한 '자유로부터 도피'하는 양상의 하나라고 볼 수 있는가?

프롬은 공감 능력 결여를 현대인들을 지배하는 병적인 성격인 네크로필리아의 중요한 특성 중 하나로 보고 있다. 네크로필리아는 죽어 있는 사물인 정교한 인공물을 소유함으로써 불안과 절망에서 벗어나려고 하는 정신이다. 그것은 사랑과 지혜

와 같은 인간의 본질적인 능력을 실현하는 참된 자
유로부터 소유물로 도피하려는 시도다.

사람들은 죽어 있는 인공물에 대해서는 편안함
과 애착을 느끼지만, 다른 사람들에 대해서는 관
심도 애정도 갖지 않는다. 사람들 사이의 관계는
피상적이고 타산적인 것이 된다. 이러한 경향을
보여주는 예의 하나로 프롬은 오늘날 많은 사람이
자신의 배우자보다도 자신의 자동차에 더 큰 관심
과 애정을 갖는다는 사실을 든다. 사람들은 자신
의 배우자가 아플 때는 큰 관심이 없지만, 자동차
가 부서졌을 때는 가슴 아파하는 것이다.

인류 역사상 프롬이 말하는 이상적인
사회와 가장 닮은 시기가 있었을까?

프롬은 원시시대의 모계사회가 이상적인 사회
였을 것으로 본다. 프롬은 스위스의 저명한 법학
자였던 요한 야코프 바흐오펜Johann Jakob Bachofen의
책 『모권: 태곳적 세계의 모계사회가 갖는 종교
적·법적 성격에 대한 연구Das Mutterrecht: eine Untersuchung
über die Gynaikokratie der alten Welt nach ihrer religiösen und rechtlichen
Natur』를 읽고 깊은 감화를 받았다. 이 책은 프롬뿐
아니라 마르크스의 친구였던 엥겔스Friedrich Engels에
게도 큰 영향을 미쳤다. 프롬은 원시시대의 모계
사회에서는 사유재산도, 구성원들 사이의 갈등이
나 불화도 존재하지 않았다는 바흐오펜의 주장을
수용했다. 이러한 주장은 원시시대에는 공산주의
가 지배했다는 마르크스의 주장과 유사하다.

4부 _____

ERICH FROMM

어떻게
내 안의

힘을

깨울 것인가

프롬은 사랑과 책임감과 관심을 통해서 외부와 친밀하게 결합하려는 태도를 '초월'이라고 부르고 있다. 이러한 초월은 소유에 집착하는 자신의 폐쇄적인 자아를 초월하는 것을 의미한다. 진정한 자유는 이러한 초월에 의해서만 비로소 가능하다. 사랑과 책임감과 관심은 우리가 진정으로 자유로운 존재가 되기 위해서 구현해야 할 덕이다.

파시즘은 불안과 허무를 먹고 자란다

기계적이고 획일화된 삶을 사는 현대인들

확고부동한 신분질서 속에서 각 개인이 자신의 지위를 변화시킬 수 없었던 중세사회의 붕괴와 함께 근대에는 자기 자신에 대한 회의가 시작되었다. 근대인들은 자신은 누구이며 어떻게 살아야 하는지에 대한 확신을 가질 수 없었다. 따라서 세계와의 전통적인 결합을 상실한 근대인들이 자신의 정체성과 안정을 어떻게 확보할 수 있느냐는 것이 근대 철학의 핵심 문제였다. 자기 자신에 대한 이러한 회의는 현대에도 여전히 존재할 뿐 아니라 심지어 강화되었으며, 그것에서 벗어나기 위한 사이비 해결책들이 끊임없이 강구되었다. 우리는 이러한 사이비 해결책으로서 마조히즘,

사디즘, 파괴성, 기계적 획일성을 살펴보았다.

자아라는 개념은 18세기와 19세기에 축소되어 자기가 소유하는 재산에 의해 구성되는 것을 자아라고 생각하게 되었다. '나'라는 존재는 '내가 소유하고 있는 것'을 의미하게 된 것이다. 사람들은 많은 재산을 가지고 있을 때 자아도 부유해진다고 생각했다. 이러한 정체성 개념은 칼뱅와 루터의 정체성 개념과 스피노자 이래의 진보적 사상가들의 정체성 개념이 기묘하게 혼합된 것이다.

칼뱅과 루터는 인간은 신을 위한 하나의 수단으로만 자신을 간주해야 한다고 가르쳤다. 이에 반해 진보적 사상가들은 인간은 어떤 초월적 존재의 수단이 되어서는 안 되고, 그 자신이 목적이 되어야 한다고 가르쳤다. 근대인들은 루터나 칼뱅이 주창한 종교적 교리는 거부하지만 권위주의적인 삶의 태도는 받아들였다. 이제 인간은 신을 위한 도구는 아니지만 돈의 노예가 되었다. 인간은 돈을 벌어 인생을 즐기는 기쁨을 위해서가 아니라 오로지 저축하고 투자하고 성공하기 위해 돈을 벌었다.

그러나 이렇게 해서 획득된 자아의 정체성이란 사물화된 것이고 불안하기 그지없는 것이다. 이러한 정체성 개념에서는 소유한 지위나 재산에 따라 가치가 변화되는 하나의 물건처럼 자기 자신을 느끼게 되기 때문이다. 그는 지위가 올라가거나 재산이 증대되면 자신의 정체성도 그만큼 더 많이 확보되었다고 의기양양해한다. 그러나 그렇지 않을 경우에는 자신의 정체성이 상실되었다고 느끼면서 의기소침해진다. 지난 몇 세대에 걸쳐 시장의 영향력이 더욱 커지면서 자아의 개념은 '나는 내가 소유하는 것'이라는 의미에서 '나는 시장이나 과학, 여론이나 유행과 같은 익명의 권위가 바라는 존재'라는 의미로 변화되었다. 그 결과 현대인들 대부분은 기계적으로 획일화된 삶을 살고 있다.

근대 초기에 사람들은 교회권력과 국가권력에 대한 투쟁을 통해서 신앙과 양심의 자유를 획득했지만, 현대인들은 자연과학의 방법으로 증명될 수 없는 사실을 믿는 내면적인 능력을 크게 상실했다. 사람들은 과학에 대한 우상숭배에 빠져 인간의 모든 문제를 과학기술로 해결할 수 있다고 믿는다. 예를 들어 사람들은 자기 내부에 존재하는 사랑의 능력을 성숙시킴으로써 고독감과 불안을 극복할 수 있다는 사실을 믿지 않고, 신경안정제와 같이 현대의학이 제공하는 약에 의존하여 문제를 해결하려고 한다. 언론의 자유 역시 교회권력과 국가권력의 속박에 대한 투쟁으로 획득한 귀중한 승리지만, 현대인들은 자신이 생각하고 말하는 대부분이 여론이나 상식과 같은 익명의 권위에 의해 주입된 것이라는 사실을 깨닫지 못하고 있다.

따라서 현대인들은 표면적으로 자신의 삶에 만족하고 안정을 누리고 있는 것처럼 보인다. 하지만 사실은 지독한 불행에 빠져 있다. 그들은 실제로는 절망 속에서 허덕이고 있다. 그들은 사회의 한 기능 인자로 전락해버린 자신의 비참한 자아를 구원하기 위해 이른바 개성 있는 사람이 되려고 노력한다. 그들은 최신 유행하는 옷을 입거나 독특한 디자인의 핸드백을 들거나 문신을 하고, 핸드백이나 휴대전화 등에도 자신의 이름을 새긴다. 이러한 현상은 그들이 다른 사람들과 구별되는 독자적인 개성을 갖고 싶어 한다는 사실을 보여준다. 그러나 현대인들이 자부심을 갖는 이러한 개성이 사이비 개성이라는 사실은 말할 나위도 없다.

파시즘은 다시 대두할 것인가

현대인들은 생을 갈망하고 있다. 그러나 그들은 자동인형처럼 되어버려서 자발적으로 인생을 경험할 수가 없다. 따라서 그들은 스포츠나 영화에 열광하고, 스포츠 스타나 영화의 주인공과 자신을 동일시하면서 대리만족을 얻는다. 이렇게 자동인형으로 전락한 인간들의 내면 깊숙한 곳에 존재하는 고뇌와 불행은 우리의 문화를 근저에서부터 위협하는 것이 될 수 있다. 다시 말해 그것들은 파시즘이 다시 자라나고 번성할 수 있는 토양이 될 수 있다.

사람들이 자신의 삶을 공허하고 무의미하다고 느낄 때, 그들은 자신의 삶에 숭고한 의미를 부여하는 것처럼 느껴지는 정치이념을 맹목적으로 수용할 수 있다. 최근에 유럽에서 극우파가 극성을 부리고 있으며, 여전히 많은 국가에서 정치인들이 권력을 유지하거나 장악하기 위해 민족주의적인 감정을 이용한다는 사실은 그러한 위험이 충분히 현실화될 수 있다는 사실을 보여준다.

우리에게는 의식적인 차원의 정체성과는 별개로 일종의 무의식적인 정체성이 존재한다. 사람들은 의식적인 차원에서는 자신을 시장과 익명의 권위에 내맡기는 상품으로, 무기력한 도구로 전락해시킨다. 그러나 무의식적으로는 자신의 진정한 자아에 대한 감각을 가지고 있다. 이는 어떠한 사회도 인간을 전적으로 수동적인 사물로 변화시

킬 수는 없기 때문이다. 사람들은 자신의 진정한 정체성을
은폐하고 억압하는 유혹에 굴복하면서도 무의식적으로는
죄책감과 불안을 느낀다. 자신의 삶을 공허하다고 느끼며
이렇게 살아서는 안 된다고 암암리에 느끼는 것이다. 사람
들은 자신이 그렇게 느끼는 원인이 도대체 무엇인지도 모
르면서 그러한 느낌을 갖게 된다.

그러나 사람들은 이러한 죄책감과 불안을 진정한 자아
를 구현함으로써 극복하지 않고, 보통 '조국의 영광'이나
'형제애가 지배하는 사회'와 같은 숭고한 이념을 내세우는
전체주의적 이데올로기에 귀의하는 방식으로 극복하려는
경향을 보인다. 이런 의미에서 프롬은 현대인이 내면에서
겪고 있는 절망은 전체주의적 이데올로기를 육성하는 비
옥한 토양이라고 본다.

나치즘이나 공산당의 지배를 주창하는 볼셰비즘과 같
은 전체주의적 이데올로기는 자본주의가 이기주의와 개인
들의 경쟁을 원리로 하기 때문에 도덕적으로 타락한 체제
라고 비난한다. 그리고 자신들은 '영광스러운 조국'과 '위
대한 사회주의 사회'라는 숭고한 이념의 구현을 목표하기
때문에 도덕적으로 우월하다고 주장한다. 이러한 주장에

수많은 사람이 감명을 받았다. 이는 사람들이 자본주의 사회에서처럼 사리사욕을 추구하는 것만으로는 진정으로 행복해질 수 없다고 내면 깊숙한 곳에서 느끼고 있으며, 사람들 사이에 보다 큰 결속과 연대가 존재하기를 바라기 때문이다.

그러나 전체주의적인 이데올로기는 루터나 칼뱅식의 권위주의적인 종교적 관념이 세속적인 형태로 부활한 것에 지나지 않는다. 이러한 종교적 관념은 인간 개개인은 본질적으로 무능하고 무력한 존재이기에 자신을 초월하는 강력한 권위에 의존해야 한다고 주장한다. 근대는 이러한 종교적 관념을 극복하고 개인이 자신의 독립적인 존엄한 존재를 실현할 수 있는 자유로운 사회를 창조했다는 점에서 위대한 시대다. 그러나 전체주의적이고 권위주의적인 이데올로기는 근대의 가장 소중한 성과인 자유로운 사회와 개인의 독자성과 존엄성을 위협한다.

진정한 자아와 자유를
찾는 방법

사랑과 책임감과 관심의 회복

서양의 전통 철학은 이원론에 빠져서 이성을 감정과 욕망에 대립하는 것으로 보는 경향이 있었다. 그것은 이성을 통해서 감정과 욕망을 통제하고 억제함으로써 참된 자아를 실현할 수 있다고 보았다. 그러나 인간의 정신을 이렇게 둘로 분할하고, 이 둘을 서로 대립하는 것으로 파악함으로써 인간의 감정과 욕망뿐 아니라 이성마저도 불구가 되고 말았다. 감정과 욕망은 악한 것으로 간주되었고 이성은 이것들을 감시하는 간수와 같은 것이 되었다. 그러나 참된 자아의 실현은 이성적인 사고능력을 통해서뿐 아니라 정서적·지적인 잠재력 전체의 적극적인 실현을 통해서 이루어진다.

다시 말해서 인간은 이성, 사랑, 책임감과 관심 같은 덕을 발전시킬 경우에만 자신의 삶에 만족할 수 있고, 외적인 조건에 흔들리지 않는 자신의 존재에 대한 확실성, 즉 자신의 정체성을 확보할 수 있다. 이에 반해 인간이 피동적이고 감정과 지성이 분리되어 양자가 따로 발달한다면, 그는 불안, 우울, 폭력성과 같은 병리적 증상에 노출된다.

　　프롬은 인간이 진정으로 행복하기 위해서 가져야 할 덕 중의 하나로 책임감을 들면서 책임감responsibility을 의무duty와 구별한다. 의무감은 외부로부터 주어지는 것이 아니라 우리가 내적으로 느끼는 강제지만, 어떻든 강제의 영역에 속하는 것이다. 이에 반해 책임감은 자유의 영역에 속한다. 의무는 권위주의적 양심authoritarian conscience에 입각한 것이고, 책임은 인본주의적 양심humanistic conscience에 입각한 것이다. 권위주의적 양심은 자기가 예속되어 있는 권위의 명령에 자진해서 따르려 한다. 이에 반해 인본주의적 양심은 자기 내면에 깃들어 있는 참된 인간성의 소리에 귀를 기울이려고 하는 것이다. 따라서 그것은 어떤 명령이 외부에서 오든 내부적인 양심에서 오든 어떠한 불합리한 명령에도 좌우되지 않는다.

아울러 프롬은 '관심' 역시 호기심과 구별하고 있다. 관심은 다른 사람들을 향해 마음을 열면서 그들의 아픔과 기쁨을 함께하려는 능동적인 자세다. 이에 반해 호기심^{curiosity}은 사람들과 사물들의 피상적인 사태에만 관심이 있을 뿐이고 그것들에 진정한 관심과 애정을 갖지 않는다. 호기심은 사실 자신의 내적인 공허와 불만을 그것들에 대한 잡담을 통해서 메우고 싶어 할 뿐이다.

프롬은 사랑과 책임감과 관심은 우리가 탐욕에서 벗어날 경우에만 실현될 수 있다고 본다. 탐욕이란 인간이 어떤 대상에 맹목적으로 집착하는 상태이고, 이 경우 인간은 탐욕의 주체인 것 같지만 사실은 탐욕의 노예가 된다. 이에 반해 사랑과 책임감과 관심은 우리를 자유롭고 능동적으로 만든다. 이러한 감정으로 충만해 있을 때 사람들은 자신이 소유하고 있는 것이나 소유하고 싶은 것에 강박적으로 집착하지 않고 모든 것에 열린 자세로 감응하게 된다. 프롬은 이러한 감정은 자유롭고 능동적인 것인 한, 어떠한 정밀한 기계도 결코 흉내 낼 수 없는 것이라고 말한다.

주체적인 자아를 실현하며 산다는 것

우리는 사랑과 책임감과 관심에 입각한 삶을 살 경우에만 자신의 인격과 정체성에 대한 확신과 자신감을 가질 수 있다. 이에 반해 우리가 자신의 정체성을 자신에게 속하는 재산이나 지위, 권력, 가족, 신체, 과거의 영광을 통해서 확보하려고 한다면, 자신의 인격과 정체성에 대한 확신을 가질 수 없게 된다. 이는 자아의 정체성이라는 것은 존재[being]의 범주에 관계되는 것이지 소유의 범주에 관계되지 않기 때문이다. 자아의 참된 정체성은 내가 얼마나 많이 소유하느냐에 의해 결정되지 않고 내가 얼마나 진실하게 존재하느냐에 의해 결정된다.

내가 진정으로 '나'라는 주체로서 살아가고 있다는 의식은 우리가 다른 사람들과 사물들을 사랑하고 그것에 책임을 지며 능동적으로 관심을 갖고 살 경우에만 주어진다. 이렇게 참된 나로 살 때, 우리는 자신의 사회적 지위가 하락하고 재물을 상실해도 정체성에 손상을 입지 않는다.

우리는 종종 자신의 주체적인 자아를 실현하면서 자발적으로 사는 사람들을 만나게 된다. 이들의 사고와 감정과 행위는 그들 자신의 표현이지 결코 자동인형의 표현은 아니다. 이러한 사람들이야말로 진정한 예술가들이라고 할 수 있다. 이 경우 예술가는 예술을 업으로 하는 전문가 집단을 가리키지 않고, 자기 자신을 자발적으로 표현할 수 있는 모든 인간을 의미한다. 이렇게 자발적으로 자신을 표현하는 것이야말로 참으로 창조적인 행위라는 의미에서 예술이라고 할 수 있다. 예술가를 이렇게 정의한다면 일부 철학자들이나 과학자들 역시 예술가라고 불릴 수 있다.

프롬은 어린아이들도 이런 종류의 자발성을 보여준다고 말하고 있다. 그들은 남들의 눈치를 보지 않고 스스로 느끼며 생각하는 능력을 가지고 있다. 이러한 자발성은 그들의 생각과 말에서, 그리고 그들의 얼굴에 표현되는 감정에서도 나타난다. 우리를 매혹하는 어린이들의 아름다움은 바로 이러한 자발성에 있다.

우리도 자발적으로 느끼고 생각하고 행동하는 순간들이 있다. 이러한 순간이야말로 순수한 행복의 시간이다. 하나의 풍경을 호젓하게 관조할 때, 무엇을 생각하는 동안 어떤 진리가 머리에 떠오를 때, 진부하지 않은 어떤 감각적인 쾌락을 느낄 때, 다른 사람에 대한 애정이 용솟음쳐 올라올 때, 이러한 순간에 우리는 자발적인 활동이 무엇인지 실감하게 된다.

자발적인 활동은 인간이 자신의 자아를 포기하지 않으면서도 고독의 공포를 극복하는 유일한 방법이다. 이렇게 자발적인 행동을 통해 자아를 실현하면서 외부와 친밀하게 결합한다면, 우리는 더는 고립된 원자가 아니게 된다. 우리는 자신을 활동적이며 창조적인 존재로서 실감하는 동시에, 삶의 참된 의미는 '자발적으로 생생하게 살아가는 것'뿐이라는 사실을 인식하게 된다.

이러한 삶을 통해 우리가 얻게 되는 자아의 안정은 고정된 것이 아니라 동적인 것이다. 그러한 안정은 우리가 소유하는 재산이나 명성 혹은 특정한 종교적 이념이나 정치적 이념에 의거한 것이 아니라 자신의 자발적인 활동에 바탕을 두고 있다. 그것은 매 순간 자발적인 활동에 의해 획득되는 안정이다. 이러한 자발적인 활동만이 자아를 강화하고 자아의 완전성을 실현하는 기초가 된다. 이에 반해 자발적으로 행동하지 못한다면, 다시 말해서 순수하게 느끼고 생각하는 것을 표현하지 못하고 다른 사람들과 자기 자신에게 거짓된 자아를 표현해야 한다면, 우리는 무력감과 자괴감에 사로잡히게 된다.

물론 인간이 자발적으로 생생하게 살아가는 것은 쉬운 일이 아니다. 자발적으로 생생하게 살아간다는 것은 눈에 보이지 않는 삶의 태도이기에 우리가 소유할 수 있는 고정된 대상과 같은 것이 아니다. 따라서 그것은 우리가 주의를 기울이지 않는 순간 언제라도 사라져버릴 위험이 있다. 이에 반해 우리가 자신의 자아를 재산이나 명예, 교조적인 종교 교리나 정치적 이데올로기 등과 같은 외적인 것과 동일시할 때, 그것들은 일정한 영속성과 형체를 가지고 있기에 우리는 쉽게 자아의 영속성과 공고함을 확보하는 것처럼 보인다. 그러나 그렇게 해서 확보된 자아는 사실은 형해화 形骸化된 죽은 자기일 뿐이다.

폐쇄적인 자아에서 벗어나 세계와 하나 되기

이에 반해 자기 자신을 소유로서가 아니라 존재로서 체험하는 사람은 상처받고 부서지기 쉽다. 이는 그가 자신의 정체성을 자신이 소유하는 어떤 것이나 자신이 신봉하는 어떤 도그마에서 찾지 않고 참된 존재에서, 즉 참된 삶에서 찾기 때문이다. 그는 능동적인 감각을 잃어버리는 순간마다, 또는 마음이 집중되지 않을 때마다 자신의 정체성을 상실하게 되는 위험에 빠지게 된다. 그는 지속적인 각성覺性과 능동성에 의해서만 이러한 위험을 넘어설 수 있다. 이러한 사실을 고려하면, 그는 소유물을 통해서 마음의 안정을 이룩하고 있는 인간과 비교해볼 때 상처받고 부서지기 쉬운 존재다. 그러나 자아의 성장은 언제나 이렇게 깨지기 쉬운 기초 위에서만 비로소 이루어진다.

프롬은 사랑과 책임감과 관심을 통해서 외부와 친밀하게 결합하려는 태도를 '초월transcendence'이라고 부르고 있다. 이러한 초월은 소유에 집착하는 자신의 폐쇄적인 자아를 초월하는 것을 의미한다. 진정한 자유는 이러한 초월에 의해서만 비로소 가능하다. 이는 우리가 불안과 무력감 그리고 이기심과 의존심 등에 의해 좌우되지 않을 경우에만 모든 강제에서 벗어날 수 있기 때문이다. 사랑과 책임감과 관심은 우리가 진정으로 자유로운 존재가 되기 위해서 구현해야 할 덕이다.

이와 관련하여 프롬은 신이란 말은 그것이 진정한 의미로 사용될 경우, 자아라는 폐쇄된 감옥을 벗어나 자신의 문을 활짝 열어놓고 세계와 하나가 되는 자유의 경지를 가리키는 시적인 상징이라고 말하고 있다. 이렇게 자신의 협소한 자아를 벗어나 세계와 하나가 된 사람은 자신이 최고의 존재인 신과 하나가 되었다고 느끼게 된다.

사람들은 흔히 오늘날 우리가 겪고 있는 문화적·경제적·정치적 위기의 원인을 개인주의의 지배에서 찾는 경향이 있다. 그러나 문제는 개인주의 자체에 있는 것이 아니라, 오히려 개인주의가 아무런 실속도 없는 공허한 것이 되고 말았다는 사실에 있다. 이렇게 개인주의가 공허하게 된 것은 사람들이 지나치게 자신에게만 관심을 갖고 있기 때문이 아니다. 오히려 그것은 사람들이 자신의 참된 자아에 관심을 갖지 않고 있다는 데서 비롯된다. 사람들은 죽으면 사라질 허망한 것들에 끌려다니고 그것들의 노예가 되면서 참으로 행복하게 사는 데는 관심이 없는 것이다.

프롬은 참된 자아와 자유를 구현하기 위해서 다음과 같은 삶의 자세를 가져야 한다고 말한다.

첫째로, 소유욕에서 벗어나야 한다. 소유욕에서 벗어날 경우에만 다른 사람들에 대한 시기나 적의에서 벗어나서 그들과 진정한 연대를 맺을 수 있으며, 이러한 상태에서만 인간은 내적으로 진정한 풍요를 느낄 수 있다.

둘째로, 모든 생명을 사랑하고 존중한다. 정교한 기계와 상품 그리고 권력을 소유하는 것이 아니라 생명의 성장에 도움을 주는 것을 삶의 목표로 삼는다.

셋째로, 과거에 대한 회한이나 미래에 대한 걱정에서 벗어나 '지금 여기에' 완전히 존재한다. '지금 여기'에 펼쳐 있는 세계와 '지금 여기'에서 만나는 인간과 사물에서 경이를 느끼며, 그것들에 자신을 온전히 열고 그것들과 교감을 나눈다.

넷째로, 자기 이외의 어떠한 인간이나 사물도 인생에 의미를 부여하지 못한다는 사실을 자각하는 독립적인 인간이 된다.

다섯째로, 다른 사람을 속이지 않으면서, 또한 다른 사람으로부터 속지도 않는다. 천진하다고는 할 수 있지만 단순하다고는 할 수 없는 인간이 된다.

여섯째로, 이러한 목표에 도달하기 위해서 끊임없이 수양을 한다. 그러나 '꼭 목표에 도달하겠다'는 야심은 없다. 그와 같은 야심도 탐욕과 소유의 한 형태라는 것을 알고 있기 때문이다. 어디까지 도달할 수 있느냐 하는 것은 운명에 맡기고 성장하는 삶의 과정에서 행복을 찾아낸다.

그러나 소유욕에서 벗어난다는 것도, 모든 생명을 사랑

하고 존중한다는 것도 말처럼 쉬운 일은 아니다. 카르페 디엠carpe diem이라는 말이 항간에 유행이지만, 과거에 대한 회한이나 미래에 대한 걱정에서 벗어나 '지금 여기에' 충실한 것도 쉬운 일은 아니다. 과거를 후회하고 미래를 걱정하느라 우리는 지금 이 순간 우리 눈앞에 펼쳐져 있는 자연의 아름다움도 보지 못하는 경우가 많다. 프롬도 자신이 제시하는 것들이 실행하기 쉽지 않다는 사실을 잘 알고 있다. 따라서 그는 맨 마지막에서 끊임없는 수양을 강조하고 있다. 프롬 역시 참된 자아와 자유를 구현하기 위해서 매일 1시간에서 2시간에 걸쳐 명상을 하면서 마음의 때를 닦아냈다.

지금 우리에겐
철저한 변혁이 필요하다

소외와 우상숭배

프롬에 따르면 개인의 정신적 건강 여부는 개인 자신뿐 아니라 그가 속해 있는 사회구조에 크게 의존한다. 건강한 사회는 구성원들 사이에 신뢰와 연대 그리고 사랑을 북돋고 개인들이 자신의 본질적인 능력을 실현하도록 돕는다. 이에 반해 불건전한 사회는 구성원들 사이에 불신과 적대감을 조장하고 서로가 서로를 도구화하면서 착취하고 이용하게 만든다.

프롬은 개인의 삶과 성격에 사회구조가 지대한 영향을 미친다고 본다. 이와 함께 프롬은 현대자본주의사회가 인간의 삶을 어떻게 왜곡시키고 있는지 상세히 분석하고 있다. 그리고 자본주의사회에 대한 비판적인 분석에 그치지 않고, 인본주의적이고 공동체주의적인 사회주의를 대안으로 제시하고 있다.

자본주의사회가 인간의 삶을 어떻게 왜곡하고 있는지에 대한 프롬의 분석은 마르크스의 소외론을 계승하고 있다. 다만 프롬은 자본주의사회를 인류가 자신이 처한 실존적 상황에 대한 하나의 해답으로 택한 것이라 본다. 이와 함께 프롬은 그것이 갖는 종교적인 성격을 강조하고 있다. 프롬은 자본주의를 물질과 쾌락에 대한 우상숭배를 통해서 삶에 공고한 지반을 마련하려는 하나의 시도로 보는 것이다. 프롬은 이렇게 자본주의사회의 우상숭배적 성격을 강조함으로써 자본주의사회의 변혁을 위해서는 사회구조의 변혁뿐 아니라 인간 개개인이 자신의 성격을 근본적으로 개조하는 일종의 '종교적 회심回心'이 필요하다는 사실을 강조한다.

프롬은 현대자본주의사회가 갖는 문제점을 그것이 인간을 소외 상태로 몰아가고 있다는 점에서 찾고 있다. 소외란 말은 원래 마르크스에게 큰 영향을 미친 포이어바흐 Ludwig Feurbach가 쓴 말로서 인간이 만든 것이 인간을 지배하는 낯선 힘이 되는 현상을 가리킨다. 소외의 대표적인 예로 포이어바흐는 인격신에 대한 신앙을 들고 있다. 인격신이란 관념은 인간이 만들어낸 것임에도 인간을 지배하는 낯선 힘이 되면서, 신을 대표한다고 자처하는 성직자들이 다른 인간들을 지배하게 만든다.

그러나 프롬은 소외란 단어가 사용된 것은 19세기지만 그것이 의미하고자 하는 사태는 훨씬 오래된 것이라고 보고 있다. 그 대표적인 예는 구약성서의 예언자들이 말하는 '우상숭배'에서 찾아볼 수 있다. 우상이란 유한한 것이면서 무한한 것으로 간주되는 것, 상대적인 것이면서 절대적인 것으로 간주되고 숭배되는 것이다. 이러한 우상은 돌이나 나무로 만든 신상, 민족, 계급, 인종, 돈, 명예, 특정한 경전, 정치적인 교의, 특정한 정치가 등의 여러 형태를 취할 수 있다. 이렇듯 유한한 것은 우리 인간에게서 비롯된 것임에도 우리로부터 독립된 낯선 힘이 되면서 우리를 지배한다.

인간이 유한한 우상에 귀의하고 복종한다는 것은 인간이 자신의 무한한 신성을 망각하고 자신을 유한화하는 것을 의미한다. 인간은 그러한 귀의와 복종을 통해서 불멸을 얻었다고 확신할지 모르지만, 그러한 귀의와 복종은 자신을 끊임없이 유한한 것으로 전락시키는 자멸적인 행위다. 더 나아가 유한한 것은 항상 상-대相-對적인 것이기 때문에 그것은 자신에게 대립하는 것을 가질 수밖에 없다. 따라서 유한한 것이 절대화되면 그것은 자신에게 맞서는 모든 것을 적대시하고 억압할 수밖에 없기에, 우상숭배의 역사는 자신들과 대립하는 모든 다른 것을 파괴하는 잔혹의 역사다.

소외가 지배하는 현대자본주의사회

이러한 우상숭배의 예에서 보듯이 소외란 결코 오늘날의 현상만은 아니다. 다만 현대사회에서 우리가 보는 소외는 거의 전면적인 것이다. 현대의 소외는 사회와 노동, 소비하는 물건, 국가, 동료 그리고 자기 자신과의 관계에까지 파고들고 있다.

현대의 자본주의체제에서는 경영자도 노동자도 자신들이 통제할 수 없는 맹목적인 시장 메커니즘의 지배를 받고 있다는 점에서 인간 자신이 형성하는 사회로부터 소외되어 있다.

또한 현대인은 더 훌륭하고 새로운 물건을 더욱 많이 살 수 있다는 가능성에 매혹되어 있다. 물건을 사고 그것을 소비하는 행위는 강박적이며 비합리적인 목적이 되어버렸기 때문에 사람들은 자신이 구입하는 물건에 대해서 전혀 애정이 없다. 사람들은 그것을 쓰다가 얼마든지 내버릴 수 있는 것으로 생각한다. 따라서 사람들은 자신들이 소비하는 물건으로부터도 소외되어 있다.

또한 현대사회의 개인들은 서로 분리되어 있는 낱알과 같다. 이 낱알들은 서로 낯선 것으로 존재하면서 이기적인 이익과 서로를 이용할 필요 때문에 함께 얽혀 있을 뿐이다. 이런 의미에서 사람들은 서로 간에 소외되어 있다. 사람들은 그 결과 고립과 고독으로 괴로워하지만, 그러한 고립과 고독을 서로 간의 연대와 사랑을 통해서 극복하려고 하지 않는다. 사람들은 기껏해야 국가와 민족 또는 민중이란 추상적인 존재와 그들을 대표한다고 자처하는 인기 정치가들과 자신을 동일시함으로써 이를 극복하려고 한다.

현대사회에서 개인과 국가는 분리되어 있기 때문에 사람들은 국가적인 정책과 방향에 거의 영향력을 발휘할 수 없다. 따라서 사람들은 주로 개인적인 문제, 즉 자신의 경제 상태나 건강 상태 등을 주로 염려할 뿐 전쟁을 포함한 세계문제, 사회적인 문제 등은 자신과 무관한 것으로 여기면서 신경을 쓰지 않는다. 혹은 세계문제나 사회적인 문제에 관심을 가질 경우에도 사람들은 그것에 소외된 방식으로 접근한다. 사람들은 사회를 주체적으로 형성할 수 있는 자신의 능력을 국가나 민족 아니면 민중이라는 추상적인 존재에 투사하면서 히틀러나 스탈린처럼 추상적인 실체를 대표한다고 자처하는 정치가들에게 복종하는 방식으로 세계문제나 사회문제에 관계한다. 국가와 정치가들은 인간을 뛰어넘어 인간 위에 군림하는 우상으로 존재하며, 현대인은 이렇게 국가로부터도 소외되어 있다.

또한 현대인은 자기 자신을 시장에서 매매되는 어떤 물건처럼 생각하고 있다. 인간은 경제시장, 결혼시장 등 모든 종류의 시장에서 자기 자신을 성공적으로 팔리게 하는 것을 목표한다. 현대사회에서 나는 나의 모든 경험, 생각, 감정, 결심, 판단, 행동을 시장의 요구에 맞춘다. 나는 나 자신으로부터 소외되어 있다. 또한 현대사회에서 노동은 그 자체로서 의미 있는 인간의 활동이 아니라 돈을 벌기 위한 수단이 되었다. 노동자들은 노동에서 큰 의미를 발견하지 못하기 때문에 노동을 기피하게 되며 나태를 이상으로 여기게 된다.

이러한 전면적 소외 상태는 물질을 둘러싼 인간 간의 경쟁을 체제의 원리로 삼는 자본주의의 사회구조에서 비롯된다. 프롬은 현대의 자본주의사회가 두 가지 중요한 심리학적 전제에 기초하고 있다고 본다. 첫째로, 현대의 자본주의는 행복을 최대한의 쾌락과 동일시하는 철저한 쾌락주의를 전제로 하고 있다. 둘째로, 현대의 자본주의는 자기중심주의, 이기심 내지 탐욕이 이 체제가 기능을 발휘하기 위해서 조장될 필요가 있다고 본다. 이기주의란 소유를 목표로 하는 삶의 방식이다. 이기주의자는 나누어 갖는 데서가 아닌 소유하는 데서 쾌락을 느낀다. 우리가 더 많은 소유를 삶의 목표로 삼을 경우에는 더욱 많이 '소유할수록' 더욱 우리의 '존재'가 공고하게 되므로 우리는 탐욕스러워질 수밖에 없다. 프롬에 따르면 이러한 소유에 대한 정열은 틀림없이 끝없는 계급투쟁과 국가 간의 전쟁을 초래한다. 탐욕과 평화는 양립할 수 없는 것이다.

인본주의적이고 공동체주의적인 사회

현대의 전면적인 소외 상황을 극복하기 위해서는 사회구조의 철저한 변혁이 필요하다. 프롬은 사회가 '소유양식'이 아니라 '존재양식'이 지배하는 사회로 바뀌어야 한다고 말하고 있다. 존재양식이라는 말로 프롬은 '소유하려고 갈망하지도 않으면서 즐거워하고, 자기의 재능을 생산적으로 사용하며, 세계와 하나가 되는 삶의 양식'을 가리키고 있다. 프롬은 이러한 삶의 양식이 지배하는 사회를 '인본주의적이고 공동체주의적인 사회주의'라고 부른다.

프롬은 인본주의적이고 공동체주의적인 사회주의가 실현되기 위해서는 다음과 같은 변화가 필요하다고 말한다.

첫째로, 경제의 종합적 계획을 고도의 분권화와 연결시키고 허구가 되어버린 자유시장경제를 버려야만 한다. 자유시장경제에서 각 기업은 살아남기 위해 대중의 소비 욕구를 자극해야 한다. 이와 함께 자유시장경제에서 사람들은 소유와 소비에 탐하는 인간이 된다.

둘째로, 무한한 성장이라는 목표를 버리고 선택적 성장을 추구해야만 한다. 생산은 건전한 소비를 위한 것에 제한되어야 한다.

셋째로, 공동경영의 원리가 기업들 전체에서 실현되어야 한다. 자유시장경제를 폐지하고 계획경제가 도입될 경우, 기존의 사회주의국가에서 보듯이 자칫 개인적인 창의

성과 주체적인 책임의식을 말살할 수 있다는 위험성이 있다. 그렇다고 해서 자본주의에서 사람들이 창의성과 주체성을 발휘하는 것도 아니다. 자본주의에서도 오직 소수만이 창의성과 주체성을 발휘할 수 있을 뿐이다. 현대인들 대부분은 거대 조직의 톱니바퀴, 즉 일종의 자동인형이 되어 버렸다. 사람들이 창의성과 주체성을 발휘하기 위해서는 노동자들이 기업 경영에 참여할 수 있어야 한다.

넷째로, 물질적 이익이 아닌 정신적 만족이 삶과 노동의 동기가 되는 사회적 분위기와 노동 조건을 조성해야만 한다.

다섯째로, 노동에서보다 생활에서 개인의 창의성을 실현해야 한다.

여섯째로, 정치적 차원에서도 일반 대중이 정치적 의사결정에 참여할 수 있는 진정한 민주주의가 구현되어야 한다. 참으로 민주적인 의사결정은 옛날의 '부락회의'와 유사하게 500명 정도로 구성된 소집단에서만 가능하다. 이러한 소집단에서만 문제가 충분히 토의될 수 있다. 이러한 토의를 통한 결정이 중앙기관에 직접적으로 영향을 미쳐야만 한다. 오늘날처럼 충분한 정보와 비판적 숙고 그리고 토의도 없이 단순히 투표에 의해서 행해지는 결정은 이성적인 통찰과는 거리가 멀다. 그것은 어떤 주어진 순간에 사람들이 가지고 있는 개인적인 선입견을 모아놓은 것에 불과하다.

일곱째로, 경제와 정치가 이렇게 공동체적인 것으로 변화되기 위해서는 교육과 문화 역시 공동체적인 것으로 변화되어야 한다. 오늘날의 원자적 사회를 공동체적인 사회로 전환하기 위해서는 함께 노래하고, 함께 걷고, 함께 춤추고, 함께 찬탄하는 공동의 문화를 다시 창출해야 하는 것이다. 인간이 세계 안에서 평안과 행복을 느끼기 위해서는 단순히 지성을 통해서가 아니라 몸 전체와 함께 다른 사람들의 세계와 하나가 되지 않으면 안 된다.

인류의 장래는 르네상스 이래로 근대 사상의 목표가 되어 온 개인의 자유와 개인주의를 얼마나 참되게 실현하느냐에 달려 있다. 이러한 자유의 승리는 각 개인의 노력을 통해서뿐 아니라 개인의 성장과 행복이 문화의 목표가 되는 사회가 이룩될 경우에만 성취된다. 이러한 사회는 개인이 국가나 거대기업과 같은 거대 권력에 종속되거나 그것들에 의해서 교묘하게 조종되지 않는 사회다.

근대 이전에는 진정한 개인주의를 실현할 수 있는 물질

적인 기반이 존재하지 않았다. 사람들은 자신의 개성을 실현하기는커녕 생존하기도 힘들었다. 그런데 자본주의는 이러한 물질적 기반을 만들어냈다. 우리는 전대미문의 물질적 풍요를 누리고 있으며, 또한 많은 여가 시간을 갖고 있다. 따라서 우리는 얼마든지 진정한 자유와 개인주의를 실현할 수 있다.

오늘날 우리가 당면하고 있는 문제는 '자본주의'나 '공산주의' 중 하나를 택하는 것이 아니라 모든 종류의 '관료주의'를 극복하고 '휴머니즘'을 실현하는 것이다. 이러한 휴머니즘의 목표는 인간의 모든 잠재력을 꽃피우는 것이다. 이를 위해서는 각 개인의 노력도 필요하지만, 사회적·경제적인 힘을 분권적으로 조직함으로써 개개인이 그러한 힘의 주인이 되는 사회를 건립하는 것도 중요하다.

내 안에 존재하는
능력의 발견

프롬의 사상을 어떻게 볼 것인가

우리는 이상에서 『자유로부터의 도피』를 중심으로 프롬의 사상을 살펴보았다. 우리는 프롬의 인간관이나 프롬이 지향하는 인간상에 대해서는 동의할 수 있다. 그러나 프롬이 지향하는 '인본주의적이고 공동체주의적인 사회주의'는 과연 실현 가능할까? 프롬이 이야기하는 진정한 민주주의는 러시아혁명 직후 나타났던 소비에트들에 의한 민주주의와 유사하다고 볼 수 있다. 러시아혁명 직후에 직장과 지역에서 소비에트라는 민주적인 조직이 광범하게 생겨났다. 그러나 소비에트 민주주의는 오래가지 못했으며 얼마 지나지 않아 공산당의 관료주의적인 지배에 자리를 내주고 말왔다. 프롬이 지향하는 인본주의적이고 공동체주의적인 사회주의도 결국은 그러한 결과로 귀착되지 않을까?

프롬은 사람들의 삶을 소유양식과 존재양식으로 나누고 있다. 그러나 사실 우리의 삶은 그렇게 이분법적으로 나눌 수 있을 정도로 단순하지 않다. 우리의 삶에는 소유양식과 존재양식이 뒤섞여 있다. 전적으로 소유양식에만 치우친 삶과, 마찬가지로 전적으로 존재양식을 구현한 삶도 찾아보기는 힘들다. 전적으로 존재양식을 구현한 사람들을 우리는 성자라고 부르지만, 우리 주위에서 이런 사람들을 찾아보기는 어렵다. 사람마다 소유양식이나 존재양식이 상대적으로 강할 뿐이다.

각 개인의 삶에 이렇게 소유양식과 존재양식이 뒤섞여 있는 만큼, 사회의 각 영역에도 소유양식과 존재양식이 뒤섞여 있다. 예컨대 모든 종교에는 권위주의적 요소와 인본주의적 요소가 함께 존재한다. 프롬이 말하는 것처럼 불교는 교리상으로는 철저하게 인본주의적일지 모르지만, 불교계의 현실은 기독교 못지않게 권위주의적인 면이 많다. 신도들은 승려들에게 맹종하는 경향이 있으며 기복신앙에서 벗어나지 못하는 경우가 많다. 아울러 자본주의 경제체제를 기본으로 하는 국가 중에서 어떤 국가는 다른 국가들에 비해 상대적으로 구성원들의 인권과 복지를 훨씬 더 보장한다. 이는 기업도 마찬가지다. 어떤 기업은 다른 기업에 비해 상대적으로 인간적일 것이다.

프롬 자신만 해도 서구의 시장자본주의와 동구의 사회주의를 모두 병적인 것으로 보면서도, 서구의 시장자본주의가 시민의 자유와 권리를 인정한다는 점에서 동구의 사회주의보다는 더 낫다고 보았다. 이렇게 병든 사회에도 정도의 차가 있다면, 자본주의사회를 전적으로 소유양식으로 보면서 병적인 것으로 타기하기는 어려울 것이다.

소유양식은 기본적으로 사람들의 이기심에 입각해 있다. 이러한 이기심은 프롬이 말하는 것처럼 사회구조가 조장하는 측면도 있지만 우리 인간에게 천성적으로 존재하는 것이다. 물론 우리에게는 이기심을 넘어서 보편적인 사랑을 행할 수 있는 능력도 있지만 이기심을 극복하는 것은 쉬운 일이 아니다. 프롬이 말하는 인본주의적이고 공동체주의적인 사회주의가 이루어지기 위해서는 사람들이 이기심에 바탕한 소유욕을 극복해야 한다. 즉 모든 사람이 존재양식을 구현해야 한다. 프롬은 자신이 주창하는 사회주의가 충분히 실현될 수 있다고 생각하지만, 사실 이는 쉽지 않은 것이다.

아울러 전 세계가 하나의 경제권으로 긴밀하게 얽혀 있는 오늘날의 경제 상황에서 프롬이 말하는 것처럼 자유시장경제를 폐기하고 계획경제를 실현할 수 있을지도 의문이다. 동일한 프랑크푸르트학파의 일원이었던 하버마스 Jürgen Habermas는 오늘날의 대규모 사회에서 계획경제는 불가능하다고 본다. 하버마스는 자유시장경제와 관료적인 행정 시스템을 불가피한 것으로 인정하면서도, 시민들이 적극적으로 참여하는 민주주의를 통해서 시장과 정치가 바람직한 방향으로 나아갈 수 있다고 본다. 이 점에서 나는 하버마스의 비전이 프롬의 비전보다 더 현실적이라고 생각한다. 프롬의 인본주의적 사회주의는 마르크스가 말하는 '자유로운 생산자들의 연합'이라는 이상을 더 구체화한 것이다. 그러나 하버마스는 마르크스의 이상을 중세 스위스의 소규모 공동체를 모델로 하는 낭만주의적인 사상으로 간주한다.

프롬의 사상이 갖는 의의

소유양식과 존재양식의 이분법은 우리의 삶과 사회를 지극히 단순화하면서 존재양식을 온전히 구현하지 못한 모든 것을 똑같이 병적인 것으로 보기 쉽다. 그러나 신체만 해도 완벽하게 건강한 인간은 찾아보기 어렵고 다른 사람들보다 상대적으로 더 건강한 사람이 있을 뿐이다. 이와 마찬가지로 한 개인의 삶도 사회구조도 상대적으로 더 건강하고 상대적으로 더 병적일 뿐이다.

물론 나는 프롬이 말하는 존재양식이 우리가 지향해야 하는 이상적인 삶의 형태이고, 그러한 삶에서만 우리가 참된 만족과 기쁨을 느낄 수 있을 것이라고 생각한다. 따라서 나는 프롬의 이분법은 나름대로 상당한 의미가 있다고 생각한다. 이러한 이분법은 우리 삶과 사회구조가 갖는 일정한 특성들을 극명하게 보여주는 장점이 있다. 이를 통해 그것은 우리가 우리의 삶과 사회구조에서 무엇을 바꾸고 무엇을 지향해야 하는지를 분명히 보여준다.

끝으로 나치의 권력 장악에 대한 프롬의 분석도 역사적 사실과 부합되지 않는 면이 있다는 점을 지적해둔다. 프롬은 나치를 지지한 사회적 계층이 주로 하층 중산계급이었다고 본다. 그러나 나치는 모든 계급에서 지지를 얻었으며, 하층 중산계급보다도 오히려 노동계급과 상층 중산계급에서 더 큰 지지를 얻었다. 그렇다고 해서 나치를 지지한 사람들의 심리구조에 대한 프롬의 분석이 잘못되었다는 것은 아니다. 그것은 큰 설득력을 갖는다.

나치를 지지한 사람들의 심리구조를 형성하는 마조히즘이나 사디즘 그리고 파괴성은 그때마다의 역사적·사회적 상황에 따라서 나치즘이라는 형태로 나타날 수도 있고 스탈린주의라는 형태로 나타날 수도 있다. 다시 말해서 그것은 외적인 형태만 바꾸어 반복적으로 나타날 수 있는 것이다. 바로 이 점으로 인해 나치즘에 대한 프롬의 분석이 오늘날에도 큰 의의를 갖는다.

Q 묻고

A 답하기

만약에 프롬이 지금의 한국사회를 본
다면 어떻게 분석했을까?

프롬은 자유로부터 도피하는 양식 중의 하나인 네
크로필리아가 현대사회를 지배한다고 분석했다.
이 경우 현대사회로 프롬은 무엇보다 미국과 유럽
을 염두에 두었겠지만, 프롬은 자본주의가 크게
발달한 오늘날의 한국사회도 네크로필리아가 지
배한다고 보았을 것이다. 다시 말해 프롬은 오늘
날의 한국인들도 소유욕과 소비주의에 사로잡혀
살아 있는 생명보다 죽어 있는 정교한 인공물을 더

사랑하며, 정치적인 선전이나 선동, 기업들의 광고 등에 의해 지배되고 있다고 보았을 것이다.

그러나 우리는 프롬이 인간과 사회를 평가하는 기준을 너무 높이 설정하는 것은 아니냐는 의문을 제기할 수 있다. 철저하게 소유양식으로만 사는 인간이 없다면, 철저하게 존재양식으로만 사는 사람도 없다. 사람들 대부분에게는 소유양식과 존재양식이 혼재해 있다. 사회도 마찬가지다. 철저하게 소유양식이 지배하는 사회가 없다면, 철저하게 존재양식이 지배하는 사회도 없다. 소유양식이나 존재양식 중 어느 한쪽이 더 크게 지배하는 인간이나 사회가 있을 뿐이다. 즉 행복지수가 가장 높은 북유럽 국가들이 다른 국가들에 비해서 존재양식을 더 많이 구현하고 있다고 할 수 있다. 이러한 사회는 다른 사회에 비해 상대적으로 훨씬 건강한 사회라고 볼 수 있다.

이렇게 상대적인 시각에서 볼 때는 오늘날의 한국사회도 상당히 긍정적으로 볼 수 있다. 오늘날 우리나라는 한국전쟁으로 인한 폐허 상태에서 출발해서 민주화와 산업화를 가장 짧은 시간에 이룩한 나라로 평가받는다. 민주화는 사람들의 독립적이고 비판적인 정신이 강화되었다는 것을 의미하고, 산업화는 사람들의 물질적 수준이 높아졌다는 것을 의미한다. 프롬은 자본주의사회에서 물질적인 부의 성장이 인간을 소유욕과 소비주의에 빠지게 만든다고 보면서 그것의 부정적인 면만을 부각시키고 있다. 그러나 물질적 부의 성장은 민주화와 불가분의 관계에 있다. 물질적 수준이 높아지면서 오늘날의 한국사회에서는 고등학교 졸업자 대다수가 대학에 입학하게 되었으며, 이렇게 사람들의 교육 수준이 높아지면서 민주주의가 공고하게 자리 잡게 되었다. 이렇게 물질적인 성장과 민주화가 서로 상승작용을 하면서 아직 충분하지는 않지만 사회적인 안전망이 강화되고 있는 동시에 복지혜택도 확대되고 있다.

프롬이 말하는 '인본주의적이고 공동체주의적인 사회주의'는 사람들이 소유욕을 완전히 떨쳐버릴 수 없는 한, 실현하기 매우 어려운 이념이다.

따라서 우리가 해야 할 일은 오늘날의 한국사회를 단적으로 병든 사회라고 타기하는 것이 아니라 그것의 잠재적인 가능성은 보다 발전시키고 문제점은 개선해 나가는 것이다. 프롬 역시 폭력혁명은 반대했으며, 민주적 절차를 통해 자본주의사회가 자신이 지향하는 '인본주의적이고 공동체주의적인 사회주의'에 접근해 나가기를 기대했다.

프롬 읽기를 통해 새로운 삶과 만나는 시간

에리히 프롬의 생애에 대해서 상세하게 알고 싶은 독자들에게는 로런스 프리드먼의『에리히 프롬 평전: 사랑의 예언자 프롬의 생애』(김비 옮김, 글항아리, 2016)을 권하고 싶다. 매끄러운 번역은 아니지만 읽을 만하다. 옌스 푀르스터 Jens Forster의『에리히 프롬 사랑의 혁명을 꿈꾼 휴머니스트』(장혜경 옮김, 아르테, 2019)도 프롬의 생애를 그가 거주하고 활동했던 곳들에 대한 여행기 형식으로 재미있게 풀어내고 있다.

프롬의 사상을 더 깊이 알고 싶은 독자들은『자유로부터의 도피』『소유냐 존재냐』『사랑의 기술』을 직접 읽어보기를 바란다. 프롬의 사상을 종합적으로 소개한 이 책을 끝까지 독파한 독자들은 프롬의 책들도 어렵지 않게 이해할 수 있을 것이다. 이 책들 각각에 대해서는 여러 번역본이 존재하는데 번역본을 다 대조해보지는 않았다. 하지만 프롬의 책은 대체로 번역이 양호한 것 같다. 프롬의 사회사상에 대해서 더 깊이 알고 싶은 독자들에게는 프롬이 쓴『건전한 사회』(김병익 옮김, 범우사, 1999)를 권한다. 우리 자신을 바꾸기 위한 수련 방법에 관한 책으로는 역시 프롬의 책『존재의 기술』(최승자 옮김, 까치, 1994)을 권하고 싶다.

KI신서10277

참을 수 없이 불안할 때, 에리히 프롬

1판 1쇄 발행 2022년 6월 3일
1판 4쇄 발행 2024년 7월 17일

지은이 박찬국
펴낸이 김영곤
펴낸곳 ㈜북이십일 21세기북스

서가명강팀장 강지은 **서가명강팀** 박강민 강효원 서윤아
디자인 THIS-COVER
출판마케팅영업본부장 한충희
마케팅1팀 남정한
출판영업팀 최명열 김다운 김도연 권채영
제작팀 이영민 권경민

출판등록 2000년 5월 6일 제406-2003-061호
주소 (10881) 경기도 파주시 회동길 201 (문발동)
대표전화 031-955-2100 **팩스** 031-955-2151 **이메일** book21@book21.co.kr

(주)북이십일 경계를 허무는 콘텐츠 리더

21세기북스 채널에서 도서 정보와 다양한 영상자료, 이벤트를 만나세요!
페이스북 facebook.com/jiinpill21   포스트 post.naver.com/21c_editors
인스타그램 instagram.com/jiinpill21   홈페이지 www.book21.com
유튜브 youtube.com/book21pub

서울대 가지 않아도 들을 수 있는 명강의! 〈서가명강〉
'서가명강'에서는 〈서가명강〉과 〈인생명강〉을 함께 만날 수 있습니다.
유튜브, 네이버, 팟캐스트에서 '서가명강'을 검색해보세요!

ⓒ 박찬국, 2022

ISBN 978-89-509-0296-4 04300
ISBN 978-89-509-7942-3 (세트)